Andreas Dilger

Politik Sozialkunde

POCKET TEACHER

Download: PowerPoint-Referat

1. Rufe die Internetseite auf:
   www.cornelsen.de/pocket-teacher
2. Gib den Webcode ein: **PT230457**

Cornelsen
SCRIPTOR

Der Autor:
Andreas Dilger ist Lehrer an einem Gymnasium in Baden-Württemberg und Autor von Schulbüchern und Unterrichtsmaterialien, u. a. hat er *Die Fundgrube für den Politik-Unterricht* geschrieben.

Für die neue Ausgabe wurde dieser Band vollständig aktualisiert und erweitert.

Die folgenden Internet-Adressen haben wir überprüft (Redaktionsschluss: 15. Dezember 2009). Dennoch können wir nicht ausschließen, dass unter einer solchen Adresse inzwischen ein ganz anderer Inhalt angeboten wird.

www.cornelsen.de

Bibliografische Information: Die Deutsche Bibliothek verzeichnet diese Publikation in der Deutschen Nationalbibliografie; detaillierte bibliografische Daten sind im Internet über http://dnb.ddb.de abrufbar.
Dieses Werk berücksichtigt die Regeln der deutschen Rechtschreibung, die seit August 2006 gelten.

1. Auflage 2010

Projektleitung: Anja Sokoll, Berlin
Redaktion: Gabriele Teubner-Nicolai, Berlin
Redaktionelle Neubearbeitung: DAS LEKTORAT Monika Kopyczinski, Berlin
Reihengestaltung: Magdalene Krumbeck, Wuppertal
Satz und Layout: Julia Walch, Bad Soden
Herstellung: Uwe Pahnke, Berlin
Sachzeichnungen: Beate Schubert und Rainer J. Fischer, Berlin
Umschlagentwurf: Patricia Müller und Rainer J. Fischer, Berlin
Druck und Bindearbeiten: CPI – Clausen & Bosse, Leck
Printed in Germany
ISBN 978-3-589-23045-7

Gedruckt auf säurefreiem Papier,
umweltschonend hergestellt aus chlorfrei gebleichten Faserstoffen.

Inhalt

Vorwort

Liebe Schülerin, lieber Schüler!
Der handliche POCKET TEACHER bringt dir viele Vorteile: Er informiert knapp und genau über die wichtigsten Begriffe, die dir im Politik- und Sozialkundeunterricht begegnen.

Aber auch, wenn du Zeitungen liest, Nachrichtensendungen im Fernsehen oder im Radio verfolgst, wirst du auf Fachausdrücke und Sachverhalten stoßen, die du nicht immer gleich verstehst. Der POCKET TEACHER möchte dir beim Durchblick helfen.

In jedem Kapitel sind die Begriffe alphabetisch aufgelistet. Weitere Stichwörter findest du im Stichwortverzeichnis am Ende des Bandes.

Im Text deines POCKET TEACHERS findest du viele farbige Pfeile. Diese verweisen auf andere Stellen im Buch.

Lern-Check: Teste dein Wissen! Am Ende jedes Kapitels werden die wichtigsten Inhalte in einer Checkliste abgefragt. So kannst du dein Wissen schnell testen. Entdeckst du noch Lücken, dann gibt es hier Hinweise, welche Seiten du noch einmal genau lesen solltest.

Natürlich kann die POCKET-TEACHER-Reihe ausführliche Schulbücher mit Übungen und Beispielen nicht ersetzen. Das soll sie auch nicht. Sie ist deine Merkhilfe-Bibliothek für alle Gelegenheiten, besonders für Hausaufgaben oder für die Vorbereitung auf Klassenarbeiten und Abschlussprüfungen.

1 Politisches System

BUNDESKANZLER Der Bundeskanzler ist der Chef der Regierung der Bundesrepublik. Er wird vom Bundestag (↗ Parlament, S. 22) und nicht vom Volk gewählt. Er leitet die Regierungsgeschäfte, er bestimmt die Grundzüge und die Zielrichtung der Politik der Regierung (**Richtlinienkompetenz** des Bundeskanzlers), für die er auch verantwortlich ist. Die Amtszeit des Kanzlers beträgt normalerweise 4 Jahre (bis zur Neuwahl des Bundestages). Der Kanzler kann zurücktreten oder durch ein konstruktives Misstrauensvotum (↗ S. 19) abgesetzt werden.

BUNDESLAND Die Bundesrepublik Deutschland ist ein Bundesstaat (↗ Föderalismus, S. 15). Der Bund besteht aus 16 Bundesländern. Jedes Bundesland hat eine eigene Landesregierung, ein Landesparlament (den Landtag) und eine Landeshauptstadt.

BUNDESPRÄSIDENT Der Bundespräsident ist das Staatsoberhaupt der Bundesrepublik Deutschland. Er wird von der Bundesversammlung auf fünf Jahre gewählt. Er kann nur einmal wiedergewählt werden. Wer Bundespräsident werden will, muss bereits 40 Jahre alt sein. In erster Linie repräsentiert der Bundespräsident die Bundesrepublik Deutschland. Er unternimmt Staatsbesuche in andere Länder und empfängt ausländische Staatsgäste. Er kann auch begnadigen, sodass die Strafe eines Verurteilten verkürzt oder aufgehoben wird. Der Bundespräsident hat keinen direkten Einfluss auf die Politik der Bundesregierung; diese wird vom ↗ Bundeskanzler gestaltet. Allerdings können die Bundespräsidenten ihr Amt nutzen, um politische und gesellschaftliche Diskussionen anzustoßen.

Die 16 Bundesländer und ihre Hauptstädte

BUNDESRAT Der Bundesrat ist die Vertretung der 16 Bundesländer beim Bund und wirkt bei der Gesetzgebung des Bundestages mit. Denn alle Gesetze, die der Bundestag beschließt und die die Bundesländer betreffen, die das Grundgesetz ändern und Gesetze, die Verträge mit anderen Staaten enthalten, benötigen die Zustimmung des Bundesrates (**Zustimmungsgesetze**). Der Bundesrat setzt sich zusammen aus Mitgliedern der Länderregierungen. Sie werden nicht gewählt, sondern von ihren Regierungen entsandt. Sie müssen so abstimmen, wie es ihre Landesregierung von ihnen verlangt. Der Ratspräsident wird für ein Jahr gewählt, es ist immer einer der Ministerpräsidenten der Länder. Die wichtige Stellung des Bundesrates kommt auch dadurch zum Ausdruck, dass der Präsident des Bundesrates gleichzeitig Stellvertreter des Bundespräsidenten ist.

BUNDESREGIERUNG Die Bundesregierung (auch **Bundeskabinett** genannt) setzt sich zusammen aus dem Bundeskanzler und den Bundesministern. Letztere werden auf Vorschlag des Bundeskanzlers vom Bundespräsidenten berufen und entlassen. Die Bundesregierung steht an der Spitze der ausführenden Gewalt, der Exekutive (↗ Rechtsstaat, S. 24): Sie sorgt dafür, dass die vom Parlament beschlossenen Gesetze ausgeführt werden. Sie kann aber auch – wie Bundestag und Bundesrat – Gesetze vorlegen. Die Bundesregierung wird entweder aus Angehörigen einer Partei gebildet, oder – was meistens der Fall ist – es schließen sich mehrere Parteien zu einer **Koalitionsregierung** zusammen (z. B. Koalition aus CDU/CSU und FDP).
So arbeitet die Regierung zusammen: Der Bundeskanzler (↗ S. 8) bestimmt die Richtlinien der Politik. Jeder Bundesminister leitet seinen Aufgabenbereich, sein Ressort, selbstständig, allerdings im Rahmen der Vorgaben durch den Bundeskanzler. Gibt es Meinungsverschiedenheiten im Kabinett, wird durch Mehrheitsbeschluss entschieden. Die Tätigkeit der Bundesregierung wird vom Bundestag, vor allem der Opposition, aber auch von der Öffentlichkeit kritisch überwacht.

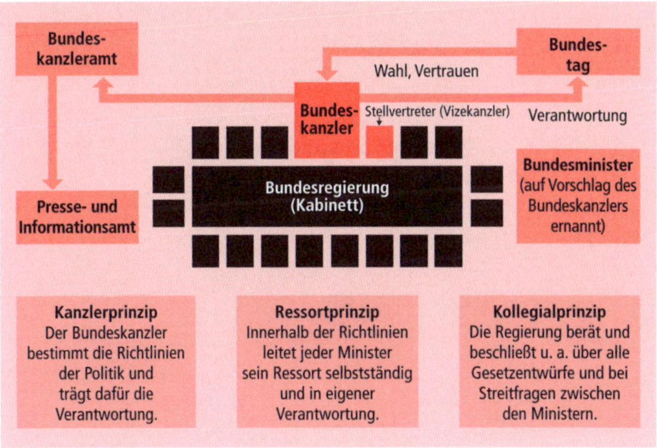

Die Bundesregierung

■ **BUNDESTAGSWAHL** Die Wahlrechtsgrundsätze zum Bundestag sehen eine allgemeine, gleiche, unmittelbare und geheime Wahl vor:
Allgemein: Jeder Staatsangehörige darf wählen, der die Wahlvoraussetzungen erfüllt. Er muss das 18. Lebensjahr vollendet haben und seit mindestens 3 Monaten im Bundesgebiet leben.
Gleich: Die Stimmabgabe jedes Wählers wird gleich bewertet.
Unmittelbar: Die Wähler wählen die Abgeordneten unmittelbar und nicht z. B. über Wahlmänner, die für sie wählen.
Geheim: Jeder Wähler füllt den Stimmzettel für sich in einer Kabine aus und gibt ihn in einem Umschlag in eine Wahlurne; so kann der abgegebene Stimmzettel keinem bestimmten Wähler zugeordnet werden.

Und so wird gewählt: Zur Bundestagswahl hat jeder Wahlberechtigte eine Erst- und eine Zweitstimme. Mit der **Erststimme** wählt er in seinem Wahlkreis einen Kandidaten für den Bundestag. Die Auszählung der Erststimmen erfolgt nach dem Mehrheitswahlrecht. Mit der **Zweitstimme** wählt er die Landesliste einer Partei.

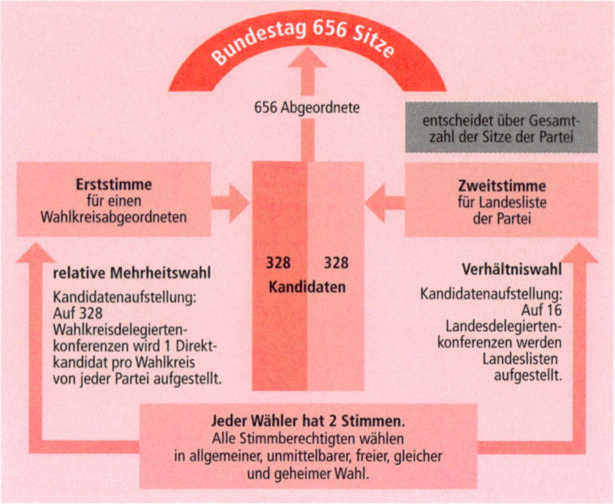

Wahlsystem für die Bundestagswahl

Die Auszählung der Zweitstimmen erfolgt nach dem Verhältniswahlrecht (↗ Wahlen, S. 29). Mit der Erststimme wird eine Hälfte der Bundestagsabgeordneten (**Direktmandate**), mit der Zweitstimme die zweite Hälfte der Bundestagsabgeordneten ermittelt.
Bei der Vergabe der Sitze zum Bundestag werden nur die Parteien berücksichtigt, die mindestens 5 % der insgesamt abgegebenen Stimmen erreicht oder mindestens 3 Direktmandate gewonnen haben (**Fünf-Prozent-Klausel**).

■ **BUNDESVERFASSUNGSGERICHT** Das Bundesverfassungsgericht (BVG) ist das höchste Gericht in der Bundesrepublik. Es gilt als „Hüter der Verfassung". Die Verfassung (↗ S. 28) der Bundesrepublik Deutschland ist das „Grundgesetz". Das BVG hat zu entscheiden, ob bei schwerwiegenden Streitfällen das Grundgesetz verletzt wurde. So können die Bundesländer, die Bundesregierung, aber auch eine Partei das BVG mit einer Verfassungsklage anrufen. Jeder einzelne Bürger kann beim BVG eine Verfassungsbeschwerde erheben, wenn seine im Grundgesetz garantierten Grundrechte verletzt worden sind. Das BVG hat seinen Sitz in Karlsruhe.

■ **BÜRGERGESELLSCHAFT** Diesem Begriff liegt die Vorstellung einer Dreigliedrigkeit der Gesellschaft zu Grunde: 1. Das staatliche Handeln, 2. Das wirtschaftliche Handeln, 3. Die Bürger- bzw. **Zivilgesellschaft** als Sammelbegriff für das freiwillige Engagement für soziale, politische, sportliche, kulturelle, ökologische Anliegen, aber ohne Gewinnstreben und außerhalb der staatlichen Entscheidungswege. Die Angaben über die in Deutschland ehrenamtlich Tätigen schwanken zwischen 1–2 Mio. Menschen. Ihre Tätigkeitsfelder sind sehr vielfältig, wie z. B. das Engagement für Menschenrechte, Entwicklungshilfe, Umweltschutz, Lebenshilfe, das Wohnumfeld, Sportvereine oder Vereine für Ortsgeschichte (↗ Pluralismus, S. 24).

■ **BÜRGERINITIATIVEN** In diesen organisieren sich Bürger in lockerer Form, um vor Ort, in der Region, in ihrem Bundesland oder für das gesamte Bundesgebiet für ein bestimmtes Anliegen die Aufmerksamkeit der Bevölkerung zu wecken und seine Durchsetzung zu erreichen. Das sind oft Verkehrsprobleme und Belange des Umweltschutzes (Bau von Umgehungsstraßen, Errichtung von Kindergärten und Spielplätzen, Erhaltung von Naturräumen, Verhinderung von Müllverbrennungsanlagen, von Atommülltransporten u. v. a.). In den Bürgerinitiativen eröffnen sich den Bürgern viele Möglichkeiten des Engagements und der Teilhabe am politischen Willensbildungsprozess. Von den Parteien (↗ S. 23) und Interessenverbänden (↗ S. 18) unterscheiden sich die Bürgerinitiativen dadurch, dass sie meistens nur ein einziges Thema verfolgen und keine feste Organisation haben, aber auch dadurch, dass sie ihr Anliegen nicht delegieren, sondern sich direkt beteiligen.

DEMOKRATIE Das Wort „Demokratie“ stammt aus dem Griechischen und heißt *Herrschaft des Volkes*. Eine wesentliche Grundlage der Demokratie ist das Stimmrecht der Bürgerinnen und Bürger. Sie entscheiden in der modernen Demokratie nicht selbst direkt über politische Fragen, sondern wählen Vertreter, ihre Repräsentanten (**Abgeordneten**) in das Parlament. Diese Abgeordneten fassen stellvertretend für ihre Wähler Beschlüsse; dabei sind sie aber nicht an den Willen ihrer Wähler gebunden (**freies Mandat**). Bei der Wahl kann jeder Bürger zwischen den Kandidaten mehrerer Parteien frei auswählen. Die Parteien (↗ S. 23) konkurrieren also um die Stimmen der Bürger, sie werben für sich und ihr Programm.
Die Demokratie beruht neben dem Grundsatz der freien Meinungsbildung auch auf dem Grundsatz der Mehrheitsentscheidung. Überstimmten Minderheiten muss die Möglichkeit bleiben, selbst zur Mehrheit zu werden. Deswegen genießen die Freiheitsrechte des Einzelnen einen hohen Schutz.
Ein weiteres Merkmal der Demokratie ist die **Gewaltenteilung** (↗ Rechtsstaat, S. 24). Die drei Gewalten, nämlich das Parlament als die gesetzgebende (**Legislative**), Regierung und Verwaltung als die ausführende Gewalt (**Exekutive**) und die Rechtsprechung der Gerichte (**Judikative**) sind voneinander getrennt und überwachen sich gegenseitig. Um von einer Demokratie sprechen zu können, müssen also diese Merkmale erfüllt sein: Stimmrecht mit Wahlfreiheit, Mehrheitsentscheidung mit Minderheitenschutz und Gewaltenteilung.

DIKTATUR ist eine Staatsform, in der eine Einzelperson oder eine Partei unbeschränkt die Herrschaft ausübt. Sie ist mit staatlicher Willkür und oft mit Terror gegen die eigene Bevölkerung verbunden. Kontrollen der staatlichen Macht wie ein Parlament (↗ S. 22), Rechtsstaatlichkeit (↗ Rechtsstaat, S. 24), freie Wahlen und Mehrparteienprinzip, Presse- (↗ S. 82) und Meinungsfreiheit (↗ S. 81) sowie Schutz der Menschenrechte (↗ S. 20) sind nicht vorhanden.

In einer **Militärdiktatur** ist der Diktator Angehöriger der Streitkräfte oder er stützt seine Macht auf die Armee.
Beispiele für Diktaturen sind die nationalsozialistische Diktatur Adolf Hitlers in Deutschland (1933–1945), die Diktatur der Kommunistischen Partei in der Sowjetunion (1917–1991) und die Diktatur Saddam Husseins im Irak (1979–2003).

EXTREMISMUS Mit Extremismus wird eine politische Haltung oder Richtung bezeichnet, die die bestehende politische und gesellschaftliche Ordnung völlig ablehnt und – eventuell mit Waffengewalt – beseitigen will. In der Bundesrepublik gelten Personen und Gruppen bzw. Parteien dann als extremistisch, wenn sie das Grundgesetz der Bundesrepublik Deutschland ablehnen. Man unterscheidet den **Links**- und den **Rechtsextremismus** voneinander. Rechtsextremisten lehnen die Demokratie ab, sie wollen einen starken Führerstaat, in dem die Einhaltung von Recht und Ordnung, der Gehorsam aller wichtiger sind als die Freiheitsrechte des Einzelnen. Linksextremisten lehnen ebenfalls die Demokratie ab, sie wollen z. B. die Abschaffung des Privateigentums. Auch bei ihnen ist die Ein- und Unterordnung aller unter ihren Willen wichtiger als die Freiheitsrechte des Einzelnen.

FÖDERALISMUS Die Bundesrepublik Deutschland ist föderalistisch aufgebaut. Die Bundesländer erledigen viele Aufgaben selbst (vor allem im Bereich der Schul- und Hochschulbildung, aber auch der Polizei, des Verkehrs u. a.) und die Bundesregierung übernimmt die Aufgaben, die alle Bundesländer gemeinsam betreffen (z. B. die Außen- und Verteidigungspolitik). So ist dem zentralen demokratischen Organ, dem Bundestag (↗ Parlament, S. 22), der Bundesrat (↗ S. 10) zur Seite gestellt, der die Interessen der Bundesländer vertritt.
Der Gegenbegriff zu Föderalismus ist **Zentralismus**: Das bedeutet, dass alle staatlichen Aufgaben von Zentralbehörden aus geleitet werden, wie z. B. in Frankreich.

FRAKTION Die Fraktion ist die Vereinigung von **Abgeordneten** in einem Parlament, die derselben Partei angehören. Die Mitglieder des Bundestages, die der SPD angehören, bilden als Gruppe die SPD-Fraktion. Die Abgeordneten der CDU und CSU bilden im Bundestag eine **Fraktionsgemeinschaft**. Da im Bundestag die Meinungen der Parteien und der Abgeordneten über einen Gesetzesvorschlag auseinandergehen, aber jede Partei ihre Meinung durchsetzen will, wird von den Abgeordneten erwartet, dass sie geschlossen für den Vorschlag ihrer Fraktion abstimmen (**Fraktionsdisziplin**). Ein Zwang darf jedoch nicht auf den Abgeordneten ausgeübt werden; er muss die Möglichkeit haben, seinem Gewissen zu folgen und von der Fraktionsdiziplin abzuweichen (**freies Mandat**).

FREIHEIT Die Freiheitsrechte der Menschen sind in den Menschen- und Bürgerrechten begründet (z. B. Religions-, Meinungs-, Versammlungs- und Pressefreiheit). Die erste Aufgabe des Staates besteht darin, diese Rechte zu schützen. Dabei kann es vorkommen, dass die staatliche Gewalt selbst die Freiheitsrechte beeinträchtigt, wie z. B. beim Datenschutz oder beim Abhören von Wohnungen.

HAUSHALT Den Haushalt eines Staates, die Aufstellung der voraussichtlichen Einnahmen und der vorgesehenen Ausgaben, nennt man auch **Etat** oder **Budget**. Die Einnahmen des Staates stammen aus den Steuern (↗ S. 57) der Bürger sowie der Betriebe und Unternehmen. Geld gibt der Staat aus für die Verteidigung, die Verkehrswege, die Forschung und Bildung und für vieles andere. Der Haushaltsplan wird von der Regierung aufgestellt, im Normalfall für das kommende Jahr. Dann wird er dem Parlament (↗ S. 22) vorgelegt und von diesem geprüft. Schließlich wird der Haushaltsplan als Gesetz vom Bundestag beschlossen. Das Etatrecht ist eines der wichtigsten Rechte des Parlaments. In der Bundesrepublik gibt es den Haushaltsplan des Bundes, aber auch der Bundesländer und der Gemeinden.

■ IDEOLOGIE ist eine Ideenlehre, eine politische Weltanschauung wie zum Beispiel der Sozialismus (↗ S. 25) oder der **Nationalismus** oder eine völlig neue Ideologie: der **Dschihadismus** (↗ Islamismus, S. 91). Ideologien sind Mittel zum Erwerb oder zur Sicherung der Macht; sie dienen der Manipulation der Bevölkerung, Presse- und Meinungsfreiheit sind folglich unvereinbar mit einer Ideologie. Die Ideologie beansprucht, über allgemeingültige Wahrheiten zu verfügen, abweichende Meinungen werden zumeist als feindliche verfolgt. 1
Die Ideologie des Nationalismus spricht dem eigenen Volk die herausragende Rolle eines auserwählten Volkes zu und wertet andere Völker als minderwertig ab.
Im Sozialismus erhofft man sich von der Revolution der Arbeiterklasse und der Abschaffung des Privateigentums an den Produktionsmitteln die Lösung aller sozialen Ungleichheiten und Ungerechtigkeiten.

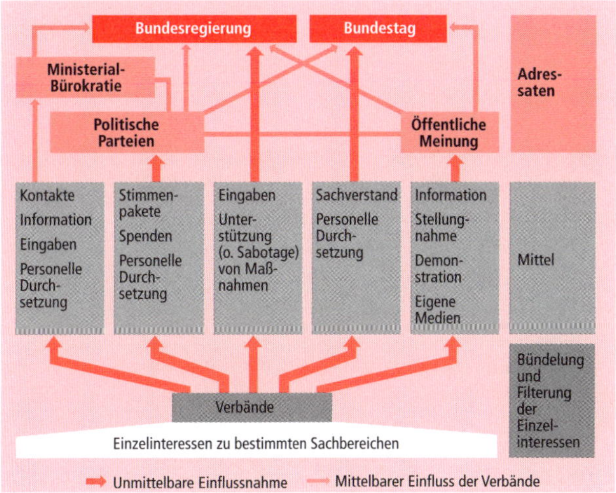

Adressaten und Methoden der Interessenverbände

INTERESSENVERBÄNDE Zu Interessenverbänden schließen sich Menschen in einer Gesellschaft zusammen, um ihre Ziele gegenüber der Regierung oder anderen Interessenverbänden durchzusetzen. Zu den wichtigsten Interessenverbänden in der Bundesrepublik zählen die Arbeitgeberverbände und die Gewerkschaften als Vertreter der Arbeitnehmer; aber auch Sportverbände und die Kirchen gehören dazu. Im Unterschied zu den Parteien stellen die Verbände zu den Wahlen nicht selbst Kandidaten auf, sondern versuchen indirekt, über den Einfluss auf Abgeordnete und die Verwaltung, ihre Ziele zu verwirklichen (**Lobby**). In einer Demokratie müssen die verschiedenen und auch manchmal gegensätzlichen Interessen der Bürgerinnen und Bürger sowie der Interessenverbände zu einem Ausgleich gebracht werden (↗ Grafik S. 17).

KOALITION bedeutet Bündnis und Zusammenschluss. Im politischen Sprachgebrauch spielt das Wort von der Regierungskoalition eine Rolle. Damit ist gemeint, dass zwei oder mehrere Parteien ein Bündnis auf Zeit abschließen, um gemeinsam die Regierung zu bilden. Koalitionen der Oppositionsparteien im Parlament gibt es nicht. Daneben gibt es aber auch noch das Grundrecht der Koalitionsfreiheit. Das ist das Recht, Vereinigungen zur Wahrung und Förderung der Arbeits- und Wirtschaftsbedingungen zu bilden (z. B. Gewerkschaften und Arbeitgeberverbände).

KOMMUNALPOLITIK Die Kommunen (Städte, Gemeinden, Kreise) verwalten sich selbst (Art. 28 GG). Die Kommunen – mehr als 16 000 – haben die Gesetze des Bundes und ihres Bundeslandes auszuführen (z. B. im Sozialbereich). Pflichtaufgaben der Kommunen sind z. B. der Feuerschutz, der öffentliche Verkehr, die Trinkwasserversorgung und die Müllentsorgung, freiwillige Aufgaben erfüllen die Kommunen im Bereich der Bildungseinrichtungen und der Jugend- und Wohlfahrtspflege.

■ KONSTRUKTIVES MISSTRAUENSVOTUM
Mit diesem kann der Bundeskanzler von der Mehrheit der Abgeordneten im Bundestag zum Rücktritt gezwungen werden. Dies ist aber nur dann möglich, wenn gleichzeitig von der Mehrheit der Abgeordneten ein neuer Bundeskanzler gewählt wird.

■ KRIEGSDIENSTVERWEIGERUNG Diejenigen, die den Kriegsdienst verweigern möchten, müssen den Antrag schriftlich beim zuständigen Kreiswehrersatzamt einreichen, das den Antrag an das Regionalreferat des Bundesamtes für den Zivildienst in Köln weiterleitet. In seinem Antrag muss sich der junge Mann auf das Grundrecht der Kriegsdienstverweigerung aus Gewissensgründen berufen und erklären, wie seine Entscheidung zustande gekommen ist. Er leistet anstelle des Grundwehrdienstes den Zivildienst (↗ S. 29) ab.

■ LÄNDERFINANZAUSGLEICH ist ein System, das die Steuern, die die Bundesländer einnehmen, zwischen den leistungsstarken und den leistungsschwachen Bundesländern angemessen ausgleichen soll, damit in der gesamten Bundesrepublik annähernd gleiche Lebensverhältnisse herrschen. Die Bundesländer mit hohem Steueraufkommen (wie Baden-Württemberg und Bayern) verlangen seit langem eine Änderung des Länderfinanzausgleichs mit der Begründung, dass mit diesem System die leistungsstarken Länder bestraft würden.

■ LIBERALISMUS Der Liberalismus entstand in Folge der Französischen Revolution im frühen 19. Jahrhundert und bildet die Grundlage, um die Beziehung zwischen Mensch und Staat in der Bundesrepublik verstehen zu können. Im Mittelpunkt des liberalen Denkens stehen die Würde des Individuums und dessen unverzichtbaren Menschenrechte.
Folglich forderte der Liberalismus als politische Bewegung eine Verfassung gegen die Willkür des Monarchen, Rechts- und Chancengleichheit, Meinungsfreiheit, Gesetzmäßigkeit der Ver-

waltung, **Gewaltenteilung** und ein Parlament als Repräsentation (Vertretung) des Volkes. Nach dieser Lehre ist der Einzelne in erster Linie für sein Schicksal selbst verantwortlich. Der Staat soll sich vor allem darauf beschränken, für die innere (Gesetze, Polizei) und äußere (Armee) Sicherheit zu sorgen, was Kritiker des Liberalismus als „Nachtwächterstaat" bezeichnen.

■ **MANDAT** bedeutet die Übertragung politischer Aufgaben und Rechte des Wählers auf Abgeordnete in einer repräsentativen Demokratie, denn die Wähler beauftragen durch Wahlen den Abgeordneten, für eine bestimmte Zeit in ihrem Namen (↗ Volkssouveränität, S. 28) an den politischen Entscheidungen mitzuwirken. Nach Art. 38 GG hat der Bundestagsabgeordnete nur nach seinem Gewissen und Sachwissen zu entscheiden.
Beim **imperativen Mandat** ist der Abgeordnete den Weisungen seiner Wähler verpflichtet und kann abberufen werden, wenn er dem Willen seiner Wähler nicht folgt (↗ Fraktion, S. 16).

■ **MENSCHENRECHTE** sind Rechte, die jedem Menschen zustehen; höchste Aufgabe des Staates ist es, diese zu schützen. Zu den Menschenrechten zählen das Recht auf persönliche Freiheit, auf körperliche Unversehrtheit, auf Gleichheit vor dem Gesetz, auf Meinungs- und Glaubensfreiheit, auf Gleichheit von Mann und Frau und andere Rechte.
Das Recht auf persönliche Freiheit bedeutet, dass niemand gefoltert, geschlagen oder sonstwie misshandelt werden darf.
Die Gleichheit vor dem Gesetz meint, dass für alle Menschen, ohne Ansehen der Person, das gleiche Recht und die gleichen Gesetze gelten. Ausnahmeregelungen für bestimmte Personen (z. B. Prominente) oder Personengruppen sind nicht zulässig. Das Recht auf Glaubens- und Meinungsfreiheit beinhaltet die Freiheit für alle Weltanschauungen und Religionen, sofern sie nicht gegen Strafgesetze verstoßen. Da z. B. die nationalsozialistische Weltanschauung gegen diese Menschenrechte verstößt, ist ihre Ausübung verboten.

Die Gleichheit von Mann und Frau bedeutet, dass keinem Menschen aufgrund seines Geschlechts ein Nachteil entstehen darf. Die Menschenrechte dürfen von keinem Menschen und von keiner Regierung eingeschränkt oder abgeschafft werden. Der Staat hat die Aufgabe, sie in besonderer Weise zu schützen.

■ **MINISTER** sind Mitglieder einer Regierung, entweder der Bundesregierung oder einer Landesregierung. Die Minister leiten ein Ministerium (z. B. der Justiz oder der Finanzen). Eigentlich kann jeder Bundesbürger, der fachlich geeignet ist, zum Minister berufen werden, aber in der Praxis werden fast nur Parteipolitiker und Abgeordnete zu Ministern ernannt. Der Minister vertritt sein Ministerium politisch, die Sacharbeit wird von den Beamten seines Ministeriums geleistet. So kann ein Politiker nacheinander verschiedene Ministerien oder manchmal sogar zwei gleichzeitig (z. B. für Wirtschaft und Finanzen) leiten. Die Bundesminister werden vom Bundeskanzler vorgeschlagen und vom Bundespräsidenten ernannt und entlassen.

■ **NATION** Die Nation ist eine große Gruppe von Menschen, die sich durch die gemeinsame Sprache, Geschichte und Kultur als Gemeinschaft fühlt. Ausschlaggebend für die Bildung einer Nation ist der Wille zur Gemeinsamkeit. So bilden die Schweizer eine Staats-Nation, obwohl die Bevölkerung der Schweiz sich aus Italienern, Franzosen, Rätoromanen und Deutschen zusammensetzt. In Deutschland war im Jahre 1989 der Wille der Bevölkerung der DDR zur nationalen Einheit („Wir sind ein Volk!“) die Grundlage zur Herstellung der staatlichen Einheit. Im ehemaligen Jugoslawien und in der früheren Sowjetunion wollten die Völker nicht mehr zusammenleben und gründeten eigene Nationalstaaten, wie z. B. Kroatien oder Georgien.
Der **Nationalismus** ist eine Weltanschauung (↗ Ideologie, S. 17), die den Rang der eigenen Nation überhöht und andere Nationen geringschätzt. Wenn eine solche Haltung Teil der Politik zwischen Staaten und Nationen wurde, hat sie zu Kriegen geführt.

OPPOSITION sind die Gruppen, die der Regierung eines Landes ablehnend gegenüberstehen. Es gibt sie sowohl im Parlament (↗ S. 22) als auch außerhalb (**außerparlamentarische Opposition**). Zur Opposition im Parlament zählen die Parteien, die nicht an der Regierung beteiligt sind. Die Opposition erfüllt in der Demokratie wichtige Aufgaben: Sie soll die Regierung überwachen, kontrollieren und kritisieren; sie soll eigene Vorstellungen entwickeln und der Öffentlichkeit präsentieren, damit die Wähler eine Alternative zur Politik der Regierung kennenlernen. Sie ist die „Regierung im Wartestand", denn bei den nächsten Wahlen kann sie vielleicht die Mehrheit der Sitze im Parlament gewinnen und dann selbst die Regierung bilden. Die Opposition beeinflusst mit ihrer Kritik die Meinungsbildung der Regierung und der Öffentlichkeit. Sie ist Garant der Demokratie, da sie den Wechsel in der Politik ermöglicht. In Diktaturen wird die Opposition benachteiligt, verfolgt oder völlig unterdrückt.

PARLAMENT Ein Parlament hat die Aufgabe, Gesetze zu beschließen und die Regierung zu kontrollieren. In der **parlamentarischen Demokratie** wird der Regierungschef vom Parlament gewählt. Das wichtigste Recht der Abgeordneten des Parlaments ist die jährliche Bewilligung des Haushaltsplanes der Regierung; in diesem wird festgelegt, wie viel Geld der Staat durch Steuern (↗ S. 57) einnimmt und wie viel Geld für die verschiedenen Aufgaben des Staates ausgegeben werden darf (z. B. für soziale Ausgaben, für den Straßenbau, für die Verteidigung). In der Bundesrepublik ist das Parlament der „Deutsche Bundestag". Die Debatten zwischen Regierung und ↗ Opposition kann die Öffentlichkeit mittels der Massenmedien (Presse, Hörfunk, Fernsehen und Internet) verfolgen.

PARLAMENTSAUSSCHUSS Ein Ausschuss ist ein von einer größeren Gruppe gewählter kleinerer Kreis von Menschen, dem besondere Aufgaben zugeteilt werden. Parlamentarische Ausschüsse sind Arbeitsgruppen, die von den **Abgeord-**

neten des Parlaments für die Dauer einer Wahlperiode gebildet werden. Alle Parteien, die im Parlament Abgeordnete haben (Fraktionen), sind normalerweise in allen Ausschüssen vertreten. Die Parlamentsausschüsse haben die Aufgabe, Gesetze vorzubereiten und zu beraten, die dann vom Plenum des Parlaments beschlossen werden. Im Bundestag gibt es eine wechselnde Zahl von Parlamentsausschüssen. Die Anzahl – über 20 – hängt von der Organisation der Bundesregierung ab. Aber es gibt immer mindestens einen Auswärtigen (= Außenpolitik), einen Verteidigungs- und einen Petitionsausschuss (↗ Petition).

■ **PARTEI** Parteien sind politische Vereinigungen, die die Ordnung im Staat beeinflussen und mitgestalten. Damit die Parteien möglichst viele Anhänger und Mitglieder, aber auch Wähler gewinnen, müssen sie sich ein Programm geben, das zu allen wichtigen politischen Problemen Stellung nimmt, bekannte Führungspersönlichkeiten und Wahlkandidaten auswählen und eine intensive Wahl-Werbung betreiben. Die größte Versammlung einer Partei ist der **Parteitag**. Er findet in der Regel einmal im Jahr statt und dauert mehrere Tage. An dieser Versammlung nehmen Delegierte (Abgesandte) teil, die von den regionalen und lokalen Versammlungen der Parteimitglieder gewählt wurden. Sie stimmen über Programmpunkte der Partei ab und wählen den Vorstand, der die wichtigsten Aufgaben der Partei übernimmt (**innerparteiliche Demokratie**). Die Ausgaben der Parteien, z. B. für Mitarbeiter, die Wahlkämpfe, Büros, werden aus Mitgliedsbeiträgen und Spenden, aber auch aus Steuermitteln finanziert. Parteien, die der freiheitlich-demokratischen Grundordnung widersprechen, werden vom Bundesverfassungsgericht (↗ S. 12) verboten (↗ Interessenverbände, S. 18).

■ **PETITION** Eine Petition ist eine Bitte, eine schriftliche Eingabe. Jeder Bürger in der Bundesrepublik hat das Recht, sich mit Bitten oder Beschwerden an das Parlament oder an die Behörden zu wenden. Das kann jeder einzeln oder in Gemeinschaft mit anderen tun. Die Petition muss entgegengenommen und bearbeitet werden. Der Antragsteller (Petent) hat einen Anspruch darauf, eine Antwort oder eine Entscheidung zu erfahren.

■ **PLEBISZIT** Bei einer **Volksabstimmung** wird im Gegensatz zur Volksbefragung und zu Wahlen dem Wahlvolk eine Entscheidung über eine politische Sachfrage vorgelegt, z. B. Annahme oder Ablehnung der neuen EU-Verfassung.

■ **PLURALISMUS** Demokratien weisen pluralistische Gesellschaften auf. Das bedeutet, dass eine Vielzahl von Parteien, Verbänden, Bürgerinitiativen und Interessengruppen die politischen, wirtschaftlichen, kulturellen und religiösen Anliegen der Bevölkerung vertreten. Sie konkurrieren miteinander um den politischen und gesellschaftlichen Einfluss. Solange alle Gruppen die demokratischen Spielregeln einhalten und auf dem Boden der Verfassung, des Grundgesetzes, stehen, führt diese Konkurrenz zu zufriedenstellenden Kompromissen für alle (**Gemeinwohl**). Große und wichtige Interessengruppen sind z. B. die Arbeitgeberverbände, die Gewerkschaften und die Kirchen. Da manche gesellschaftlichen Gruppen keine starken Interessenvertretungen haben, wie z. B. Kinder und Behinderte, ist der Staat verpflichtet, zu ihren Gunsten zu handeln.

■ **RECHTSSTAAT** Ein Rechtsstaat weist folgende Merkmale auf: Er hat eine (fast immer) schriftlich niedergelegte Verfassung (↗ S. 28), er sichert seinen Bürgerinnen und Bürgern die Grundrechte zu (↗ Menschenrechte, S. 20), er hält den Grundsatz der Gewaltenteilung (↗ Demokratie, S. 14) ein, seine Verwaltung ist gesetzmäßig. Eine Verfassung regelt, welche Rechte und Pflichten jeder Bürger hat, welche Aufgaben Parlament und Regierung haben und wie diese aufgebaut sind. Zu den Grundrechten gehört z. B. die Gleichheit der Bürger vor dem Gesetz. Gewaltenteilung bedeutet, dass die gesetzgebende Gewalt (die Legislative), die ausführende Gewalt (die Exekutive) und die

Recht sprechende Gewalt (die Judikative) voneinander unabhängig sind und sich gegenseitig überwachen.
In einem Rechtsstaat ist die Staatsgewalt an die Verfassung gebunden. Das heißt, dass kein Gesetz, keine Verordnung und kein Gerichtsurteil den Grundsätzen, wie sie in der Verfassung niedergelegt sind, widersprechen darf.
„Gesetzmäßigkeit der Verwaltung" bedeutet, dass alle Maßnahmen der Regierung, der Ministerien und der Behörden sich an die Gesetze und an das Recht halten müssen. Alle Maßnahmen der staatlichen Verwaltung kann der Bürger von einem Gericht auf ihre Gesetz- und Rechtmäßigkeit hin überprüfen lassen.

■ **REPUBLIK** bezeichnet eine nicht-monarchische Staatsform, in der nicht der König, sondern das Volk Träger der politischen Macht ist. Unterschieden wird zwischen parlamentarischer Republik (wie der Bundesrepublik Deutschland) und präsidialer Republik (wie Frankreich) (↗ Volkssouveränität, S. 28).

■ **SOUVERÄNITÄT** Die Souveränität eines Staates bedeutet, dass er seine inneren und äußeren Angelegenheiten selbst, ohne Einmischung anderer Staaten, regeln kann. Die souveränen Staaten sind untereinander gleichberechtigt. Heute verzichten immer mehr Staaten freiwillig auf Souveränitätsrechte, um international besser zusammenarbeiten zu können (z. B. in der Europäischen Union oder in der NATO). In demokratischen Staaten gilt das Prinzip der Volkssouveränität, d. h. das Volk ist Träger der Staatsgewalt (↗ Selbstbestimmungsrecht, S. 97).

■ **SOZIALISMUS** Der Sozialismus strebt eine Gesellschaft an, die auf sozialer Gleichheit und Gerechtigkeit und auf der Solidarität zwischen den Menschen aufbaut. Wichtigstes Mittel zur Erreichung dieser Ziele ist die Abschaffung des Privateigentums an Produktionsmitteln (Rohstoffe, Energie, Maschinen, Gebäude usw.) zugunsten von selbstverwalteten, genossenschaftlichen oder staatlichen Produktionsweisen. Der Sozialismus ist im 19. Jahrhundert, im Zeitalter der Industrialisierung, als Gegenbewegung zum Liberalismus (↗ S. 19) und zum Kapitalismus (↗ S. 50) entstanden. Karl Marx und Friedrich Engels versuchten, den Sozialismus wissenschaftlich zu begründen; der Sozialismus ergebe sich zwingend aus dem Zusammenbruch des Kapitalismus und der Revolution der Arbeiterschaft, des Proletariats. Die tatsächliche Entwicklung in den sozialistischen Staaten des ehemaligen Ostblocks unter der Führung der Sowjetunion war von der Diktatur der kommunistischen Partei geprägt. Die Missachtung der Menschenrechte sowie der materiellen und kulturellen Bedürfnisse der Menschen und deren Entmündigung führten am Ende des letzten Jahrhunderts zum Zusammenbruch der sozialistischen Staatenwelt (↗ Zentralverwaltungswirtschaft, S. 61).

■ **SOZIALSTAAT** Die Bundesrepublik Deutschland hat sich in Artikel 20, Absatz 1 des Grundgesetzes verpflichtet, auch ein **sozialer Bundesstaat** zu sein. Der Staat greift gestaltend ein, um das Ziel der **sozialen Gerechtigkeit** zu erreichen. So können Reiche höher besteuert werden, um mit verschiedenen Unterstützungszahlungen sozial Schwächere zu fördern. In Deutschland wurde bereits vor über 100 Jahren die Sozialversicherung (für Unfall, Krankheit, Invalidität und Alter) eingeführt. Später kam noch die **Arbeitslosenversicherung** und in den letzten Jahren die **Pflegeversicherung** dazu. Viele weitere Gesetze und Maßnahmen tragen zum Ausbau des Sozialstaates bei (Mutterschutz, Lohnfortzahlung im Krankheitsfall, Sozialhilfe u. a.). Der Ausbau des Schulwesens trägt beispielsweise zur Förderung der Chancengleichheit bei.
Wird die soziale Sicherheit überbetont und erhält sie Vorrang vor der persönlichen Freiheit und Verantwortung der Menschen für sich selbst, so spricht man von einem **Wohlfahrtsstaat** oder **Versorgungsstaat**. Diese Begriffe haben meist eine abwertende Bedeutung (↗ Sozialversicherung, S. 74).

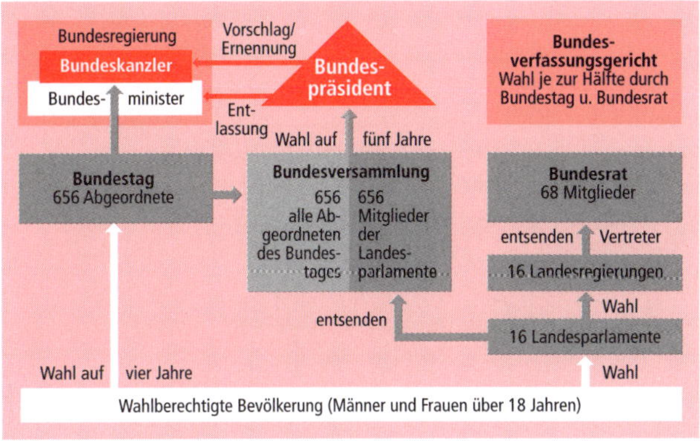

Staatsorgane der Bundesrepublik Deutschland

1

■ **STAAT** Ein Staat ist begrenzt auf ein Staatsgebiet, in dem ein Staatsvolk der Staatsgewalt unterstellt ist. Nur der Staat allein darf die Gewaltmittel Polizei (nach innen) und Militär (nach außen) einsetzen (↗ Gewaltmonopol des Staates, S. 33). Staat und Gesellschaft beeinflussen sich in ihrer Entwicklung wechselseitig. Diese vielfältigen Verflechtungen führen zu einem „politischen System", das in den verschiedenen Staaten variiert (z. B. Rolle der Gewerkschaften). Zentral ist, ob die Staatsgewalt vom Volk ausgeht (↗ Volkssouveränität, S. 28) oder über dem Volk thront (wie z. B. in einer Diktatur, ↗ S. 14). Staaten werden in ihrer Politik aber auch immer stärker von internationalen Beziehungen beeinflusst (z. B. durch ihre Mitgliedschaft in EU und NATO).

■ **STAATSANGEHÖRIGKEIT** Die Zugehörigkeit eines Menschen zu einem Staat ist mit Rechten und Pflichten verbunden, z. B. dem Recht zu wählen und der Pflicht, Steuern zu bezahlen und den Wehrdienst zu leisten. Von den Staatsangehörigen sind Ausländer und Staatenlose zu unterscheiden. Eine Sonderstellung nehmen die EU-Ausländer ein, die zunehmend den inländischen Staatsbürgern gleichgestellt werden, z. B. im Wahlrecht. Den Erwerb und den Verlust der Staatsangehörigkeit regelt jeder Staat selbst. Auf diese Weise kann es zu mehrfacher Staatsangehörigkeit kommen. In manchen Staaten wird die Staatsangehörigkeit eines Menschen durch die Abstammung bestimmt (z. B. in der Bundesrepublik Deutschland), in anderen Staaten durch den Geburtsort (z. B. in Frankreich).

■ **VERFASSUNG** In einer Verfassung ist festgelegt, wie die Macht im Staate verteilt und organisiert ist. Verfassungen gliedern sich meist in einen Grundrechtsteil (↗ Menschenrechte, S. 20) und einen zweiten Teil, der die Organisation des Staates in Grundzügen festlegt. Dort ist beispielsweise geregelt, wie die Regierung berufen oder ein Staatsoberhaupt ernannt wird.
Die Verfassung ist das höchste Gesetz in einem Staat (**Grundgesetz**), nach dem sich das gesamte Handeln des Staates zu richten hat. Eine Verfassung zu ändern ist nicht leicht; dazu braucht es ein besonderes Verfahren. In der Bundesrepublik müssen zwei Drittel der Abgeordneten des Bundestages und des Bundesrates einer Verfassungsänderung zustimmen. Die Regierung jedes Staates schützt seine Verfassung gegen Feinde der Verfassung. In der Bundesrepublik übernimmt das **Bundesamt für Verfassungsschutz** diese Aufgabe. Bei Streitfällen um die richtige Auslegung des Grundgesetzes entscheidet das Bundesverfassungsgericht (↗ S. 12).

■ **VOLKSSOUVERÄNITÄT** ist ein Grundprinzip des Liberalismus (↗ S. 19). Jede Machtausübung des Staates muss durch das Staatsvolk in Wahlen und Abstimmungen legitimiert sein (Art. 20,2 GG). Doch meistens wird der Volkswille nicht vom Volk selbst, sondern von seinen Abgeordneten artikuliert. Das Prinzip der Volkssouveränität kommt aber insofern wieder zum Tragen, als die Volksvertreter ihr Mandat (↗ S. 20) nur für eine befristete Zeit ausüben und sich dann der Wiederwahl stellen müssen (↗ Demokratie, S. 14).

WAHLEN Eine Wahl setzt die Möglichkeit zur Entscheidung zwischen mehreren Angeboten voraus, also eine Demokratie. Das Wahlverfahren ist in Wahlgesetzen festgelegt. Sie bestimmen auch, wer wählen darf (**aktives Wahlrecht**) und wer gewählt werden darf (**passives Wahlrecht**).

1

Mehrheitswahl: Das gesamte Wahlgebiet wird in Wahlkreise eingeteilt, aus denen jeweils ein Kandidat bzw. eine Kandidatin zu entsenden ist. Wer die meisten Stimmen erhält, ist gewählt (relative Mehrheit). Braucht ein Abgeordneter mehr als 50 % der Stimmen in einem Wahlkreis (wie z. B. in Großbritannien), spricht man von der absoluten Mehrheitswahl. Erreicht kein Bewerber die absolute Mehrheit, wird ein zweiter Wahlgang angesetzt. Dabei findet entweder eine Stichwahl zwischen den beiden stimmenstärksten Kandidaten statt oder es entscheidet jetzt die einfache Mehrheit zwischen den Bewerbern.

Verhältniswahl: Die Kandidaten werden auf Parteilisten (z. B. Landeslisten) zusammengestellt. Nach der Auszählung der abgegebenen Stimmen erhält jede Partei Parlamentssitze im Verhältnis zu den für sie abgegebenen Stimmen. Die Verhältniswahl ist also eine Parteien- und keine Persönlichkeitswahl wie beim Mehrheitswahlrecht. Mit den Listen werden die Kandidaten nach ihrer Reihenfolge berücksichtigt. Hat eine Partei auf ihrer Liste 20 Bewerberinnen und Bewerber aufgestellt und erhält sie aufgrund des Wahlergebnisses 10 Sitze im Parlament, so gelten die ersten 10 der Liste als gewählt (↗ Bundestagswahl, S. 11).

ZIVILDIENST Als Zivildienst wird der Ersatzdienst bezeichnet, den anerkannte Kriegsdienstverweigerer anstelle des Grundwehrdienstes in der Bundeswehr leisten müssen. Im Zivildienst sind in erster Linie Aufgaben zu erfüllen, die dem Allgemeinwohl dienen, vor allem im sozialen Bereich. Der Zivildienstleistende kann sich eine Dienststelle selbst aussuchen, diese muss aber vom Bundesamt für den Zivildienst in Köln geprüft und anerkannt sein. Die Dauer des Zivildienstes beträgt – wie die des Bundeswehrdienstes des Wehrpflichtigen – 9 Monate.

Lern-Check: Teste dein Wissen!

Kapitel „Politisches System“	O. K. ✔	Das muss ich noch mal lesen
Ich kann wiedergeben, wie der Bundespräsident und der Bundeskanzler gewählt werden.		S. 8
Ich kann die Gewaltenteilung in der Demokratie erklären und benennen, wer jeweils an der Spitze der drei Teilgewalten steht.		S. 8, 14
Ich kann die vier Wahlrechtsgrundsätze benennen und erläutern.		S. 11
Ich kann das Wahlverfahren für den Bundestag darstellen.		S. 11, 12, 29
Ich kann zwischen Parteien und Bürgerinitiativen unterscheiden und die Vor- und Nachteile beider Organisationsformen erörtern.		S. 13, 23
Ich kann die Problematik, die für den Abgeordneten aus der Fraktionsdisziplin einerseits und dem freien Mandat andererseits erwächst, erörtern.		S. 16, 20
Ich kann erklären, was Interessenverbände sind, und darlegen, wie sie versuchen, auf die Politik und die öffentliche Meinung Einfluss zu nehmen.		S. 17, 18
Ich kann erklären, wie ein Bundeskanzler vor Ablauf der Legislaturperiode abgelöst werden kann.		S. 18, 19
Ich kann wichtige Menschenrechte charakterisieren.		S. 20, 21
Ich kann darstellen, warum eine Opposition unverzichtbar für die Demokratie ist.		S. 22
Ich kann Leistungen und Grenzen der Interessenverbände in einer pluralistischen Gesellschaft erörtern.		S. 18, 24

Recht

ASYL Das Wort stammt aus dem Griechischen und bedeutet *Obdach, Zufluchtsstätte*. Im Grundgesetz der Bundesrepublik Deutschland (Artikel 16, Absatz 2) ist festgelegt, dass politisch Verfolgte das Recht auf Asyl haben. Der rechtliche Rahmen für die Asylgesetzgebung ergibt sich zum Teil aus dem Völkerrecht (↗ S. 100), z. B. aus der Genfer Konvention (↗ S. 89) zur Rechtsstellung von Flüchtlingen. Entscheidend ist aber die nationale Gesetzgebung. Für die Bundesrepublik gilt seit 1993: Asylsuchende, die nicht sofort abgewiesen werden, müssen einen Antrag stellen, der vom Bundesamt für die Anerkennung ausländischer Flüchtlinge bearbeitet wird. Die Antragsteller müssen nachweisen, dass sie tatsächlich politisch verfolgt werden. Bis zur Anerkennung bleiben die Asylsuchenden in Sammelunterkünften und dürfen die Stadt oder den Landkreis, dem sie zugeteilt wurden, nicht verlassen. Wer als Asylant anerkannt ist, darf seinen Wohnsitz frei wählen und hat Anspruch auf Deutschkurse, berufliche Bildung und soziale Sicherung. Nach sieben Jahren Aufenthalt in der Bundesrepublik Deutschland kann die deutsche Staatsbürgerschaft beantragt werden.

BEWÄHRUNG Wenn ein Mensch zum ersten Mal straffällig und zu einer Freiheitsstrafe verurteilt worden ist, wird die Strafe zur Bewährung ausgesetzt, das heißt, der bzw. die Verurteilte muss nicht ins Gefängnis. Dahinter steht der Gedanke, dass jemand durch sein Verhalten nachweisen kann, dass die begangene Straftat nur ein einmaliges Versagen war. Denn ein Gefängnisaufenthalt führt oft dazu, dass jemand eine kriminelle „Karriere“ beginnt, nachdem er die Arbeit, die Wohnung und den Kontakt zu Angehörigen und Freunden verloren hat.

Eine Strafaussetzung zur Bewährung ist aber nur dann möglich, wenn die verhängte Freiheitsstrafe nicht mehr als zwei Jahre beträgt und wenn zu erwarten ist, dass der Verurteilte keine Straftaten mehr begehen wird. Die Bewährungszeit beträgt mindestens zwei und höchstens fünf Jahre. Dem Verurteilten können Auflagen gemacht werden, z. B. den angerichteten Schaden wiedergutzumachen, eine Drogentherapie zu beginnen oder anderes. Wer während der Bewährungszeit erneut eine Straftat begeht, muss dann doch noch ins Gefängnis und seine Strafe verbüßen. Bewährungshelfer werden von Gerichten bestellt, um auf Bewährung verurteilte Personen zu betreuen und ihre Lebensführung zu überwachen.

■ **DATENSCHUTZ** Angesichts der technischen Möglichkeiten der modernen Datenerhebung und Datenspeicherung mithilfe der elektronischen Datenverarbeitung werden die Bürgerinnen und Bürger seit dem Jahre 1977 durch das Bundesdatenschutzgesetz und seit 1981 in allen Bundesländern durch das Landesdatenschutzgesetz geschützt: Jeder darf – mit gewissen Einschränkungen – selbst über die Verwendung und Weitergabe von Angaben zu seiner Person bestimmen. Jeder darf seine Daten bei Behörden und bei privaten Einrichtungen einsehen. Unrichtig oder unzulässig gespeicherte Daten darf der/die Betroffene korrigieren, sperren oder löschen lassen. Um die richtige Einhaltung des Datenschutzes kümmern sich die **Datenschutzbeauftragten** im Bund und in den Ländern. Jeder kann diese anrufen, wenn er befürchtet, dass persönliche Daten über ihn in unzulässiger Weise gesammelt und weitergegeben werden.

■ **FÜHRUNGSZEUGNIS** Das Führungszeugnis wird vor allem von Arbeitgebern des öffentlichen Dienstes, von Gemeinden, den Bundesländern und dem Bund verlangt. Das Führungszeugnis wird auf Antrag der Gemeindeverwaltung ausgestellt. Aus ihm ergibt sich, ob der Antragsteller vorbestraft ist oder nicht.

GERECHTIGKEIT Die Gerechtigkeit ist eine Idee, die den Maßstab für das Handeln des Einzelnen, aber auch für die Gesetzgebung und für die Rechtsprechung gibt. Die Ansicht darüber, was Gerechtigkeit ist, hat sich im Laufe der Zeit immer wieder gewandelt und kann auch heute nicht verbindlich festgelegt werden. So werden immer wieder Gesetze an das gewandelte Rechtsempfinden angepasst. Mit folgenden Maßnahmen versucht man, unter Menschen Gerechtigkeit walten zu lassen:

- Alle Bürgerinnen und Bürger sollen vor dem Gesetz und den Gerichten gleich behandelt werden.
- Alle sollen ihre Konflikte nicht mit Gewalt, sondern friedlich, in einem gesetzlich geregelten Verfahren austragen.
- Die Urteile der Gerichte in gleich oder ähnlich gelagerten Fällen sollen vergleichbar ausfallen.

GERICHT Das Gericht ist eine Einrichtung des Staates, das die Aufgabe hat, in Rechtsstreitigkeiten (Prozessen) Entscheidungen nach Recht und Gesetz zu treffen. Neben den staatlichen Gerichten gibt es auch eine **freiwillige Gerichtsbarkeit**, die nicht in Form von Prozessen verläuft; dazu gehört die Tätigkeit der Nachlass- und Vormundschaftsgerichte. Die Nachlassgerichte kümmern sich um Erbschaftsangelegenheiten, die Vormundschaftsgerichte treten dann auf, wenn z. B. Minderjährige ihre Eltern verlieren und einen gesetzlichen Vertreter benötigen.

GEWALTMONOPOL Das Recht der Gewaltausübung liegt allein in der Hand des Staates; die Polizei übt es auf Grundlage des Strafrechts aus. Allerdings ist in einem demokratischen Staat die staatliche Gewaltausübung streng an Recht und Gesetz gebunden. Gewaltanwendung des Einzelnen gegen Sachen oder Personen ist nicht erlaubt, auch wenn es seinem Gerechtigkeitsempfinden entspricht. Nur in Notfällen – wenn eine staatliche Instanz vorher nicht angerufen werden kann – ist Selbsthilfe, z. B. als **Notwehr** bei unmittelbarer Gefahr für Leib und Leben, erlaubt.

GRUNDRECHTE sind die durch die Verfassung (↗ S. 28) garantierten grundlegenden Rechte des Einzelnen in einem Staat. Die Grundrechte beinhalten in erster Linie Abwehrrechte gegen den Staat (z. B. Unverletzlichkeit der Wohnung), dann Mitwirkungsrechte (z. B. Wahlrecht) und schließlich Leistungsrechte (z. B. Sozialhilfe, ↗ S. 73). Eine andere Einteilung der Grundrechte kann nach Freiheits-, Gleichheits- und Unverletzlichkeitsrechten erfolgen.
Die Grundrechte im Grundgesetz der Bundesrepublik stimmen mit den Menschenrechten (↗ S. 20) überein. Gegen eine Verletzung der Grundrechte kann jeder Bürger der Bundesrepublik klagen.

HAUPTVERHANDLUNG In einem Strafverfahren (↗ S. 41) ist die Hauptverhandlung entscheidend dafür, ob ein Strafgericht eine Verurteilung oder einen Freispruch ausspricht. Daran sind folgende Personen beteiligt: das Gericht, ein Vertreter der Staatsanwaltschaft als Ankläger, der Angeklagte und sein Verteidiger, ein Protokollführer, Zeugen, Sachverständige und das Publikum, wenn die Öffentlichkeit nicht ausgeschlossen ist.
Die Hauptverhandlung nimmt folgenden Verlauf:

1. Der Vorsitzende vernimmt den Angeklagten zur Person.
2. Der Anklagevertreter (Staatsanwalt) verliest die Anklage.
3. Der Vorsitzende vernimmt den Angeklagten zu der ihm vorgeworfenen Straftat, sofern der Angeklagte die Aussage nicht verweigert.
4. In der Beweisaufnahme vernimmt der Vorsitzende Zeugen und Sachverständige und verliest Urkunden. Die Beisitzer des Gerichtes, der Anklagevertreter, der Angeklagte und sein Verteidiger haben das Recht, Fragen zu stellen.
5. Der Anklagevertreter hält seinen Schlussvortrag (Plädoyer) und stellt einen Strafantrag.
6. Der Verteidiger hält seinen Schlussvortrag und stellt einen Strafantrag oder einen Antrag auf Freispruch oder auf Einstellung des Verfahrens.

7. Der Angeklagte hat „das letzte Wort".
8. Das Gericht zieht sich zur Beratung zurück.
9. Das Gericht verkündet das Urteil. Der Vorsitzende begründet dieses kurz. Das Gericht ist in der Bemessung der Strafe nicht an das Plädoyer der Staatsanwaltschaft oder des Verteidigers gebunden.
10. Der Angeklagte wird darüber belehrt, welche Rechtsmittel (↗ S. 37) er gegen das Urteil einlegen kann.

■ **JUGENDGERICHTE** urteilen über die von Jugendlichen (14 bis 18 Jahre) und Heranwachsenden (18 bis 21 Jahren) begangenen Straftaten. Die Jugendgerichte sind folgendermaßen aufgebaut:
1. Bei den Amtsgerichten gibt es den Jugendrichter, der allein entscheidet, und das Jugendschöffengericht mit einem Berufsrichter und zwei ehrenamtlichen Richtern (Jugendschöffen).
2. Bei den Landgerichten – das ist eine Instanz höher – bestehen Jugendkammern, die mit drei Berufsrichtern und zwei Jugendschöffen besetzt sind.

Für das Jugendstrafverfahren gelten besondere Regelungen: Ziel ist es, Einsicht in unrechtmäßiges Tun zu wecken. Deshalb steht auch nicht die Bestrafung, sondern die Erziehung im Vordergrund. Zu beachten ist auch die UN-Konvention über die Rechte des Kindes, die in Deutschland am 5.4.1992 in Kraft trat.

■ **NATURRECHT** Von Philosophen und der Kirche ist immer wieder die Meinung vertreten worden, es müsse von Urzeiten an und unabhängig von jeder Ordnung, die die Menschen ihrem gemeinschaftlichen Leben geben, Rechte des Menschen geben, die unantastbar sind. Dazu gehört das Recht auf Leben und körperliche Unversehrtheit. Welche weiteren Rechte des Menschen zu dieser unantastbaren „Grundausstattung" gehören, ist umstritten. Die Menschenrechte (↗ S. 20) und die Grundrechte in der Verfassung der Bundesrepublik Deutschland sind aus dem Naturrecht abgeleitet.

Eine Gegenposition zur Naturrechtslehre vertritt der **Rechtspositivismus**. Dieser besagt, dass nur in den geltenden Gesetzen das Recht zu finden ist; höhere Begründungen für das Recht lehnt er ab.
Am Rechtspositivismus wiederum wird kritisiert, dass mit ihm auch die Gesetzgebung in einer totalitären Diktatur, wie z. B. im nationalsozialistischen Deutschen Reich, gerechtfertigt werden kann.

■ **ORDNUNGSWIDRIGKEIT** Eine Ordnungswidrigkeit ist ein Verstoß gegen ein Gesetz, die aber nicht als Straftat (↗ S. 41) gilt. Sie wird mit einer Geldbuße, aber nicht mit einer Freiheitsstrafe geahndet. Beispiele: Falschparken oder Schwarzfahren.

■ **PROZESS** In einem Prozess tragen zwei Parteien vor einem Gericht einen Rechtsstreit aus. Der Prozess beginnt damit, dass dem Beklagten eine Klage zugesandt wird, zu der er sich äußern kann. Dann lädt das Gericht die streitenden Parteien zu einer mündlichen Verhandlung. Am Schluss des Prozesses ergeht meistens ein Urteil, gegen das Rechtsmittel (↗ S. 37) eingelegt werden können.
Wird ein Rechtsmittel eingelegt, geht der Prozess in der nächsthöheren Instanz weiter. Dieses Verfahren gilt für **Zivilprozesse** (Bürger gegen Bürger) und **Verwaltungsprozesse** (Bürger gegen Staat). Für **Strafprozesse** (Staat gegen Bürger) gelten andere Regeln (↗ Strafverfahren, S. 41).

■ **RECHT** Die Menschen wissen im Allgemeinen, was „Recht“ und was „Unrecht“ ist. Die Maßstäbe für das Recht haben sich in einer langen Tradition ausgebildet. Heute werden die Rechtsnormen durch den Gesetzgeber, das Parlament, in Gesetze gegossen. Einen besonderen Schutz genießen in der Verfassung der Bundesrepublik Deutschland die Menschenrechte (↗ S. 20).

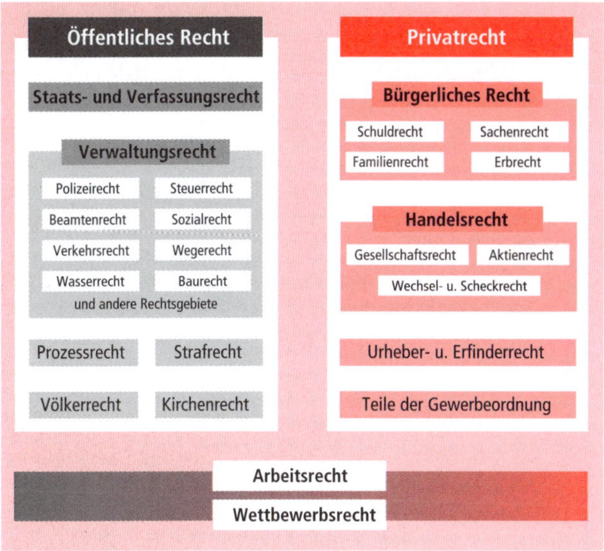

Bereiche des öffentlichen Rechts und des Privatrechts

■ **RECHTSMITTEL** Mit einem Rechtsmittel kann die Entscheidung eines Gerichtes oder einer Behörde überprüft werden.

- Gegen Urteile der Gerichte in erster Instanz kann die **Berufung** als Rechtsmittel eingelegt werden; der Prozess wird dann noch einmal wiederholt.
- Gegen Urteile der Gerichte in zweiter Instanz kann das Rechtsmittel der **Revision** eingelegt werden: Ein Gericht der dritten Instanz (meist ein Bundesgericht) prüft, ob das Gericht der zweiten Instanz das Recht richtig angewandt hat.

■ **RESOZIALISIERUNG** ist die Wiedereingliederung eines straffällig gewordenen Menschen in die soziale Gemeinschaft. Der Straftäter bzw. die Straftäterin soll lernen, selbstverantwortlich und straffrei in Freiheit zu leben.

RICHTER gibt es zum einen als ehrenamtliche Richter oder Laienrichter und zum anderen als Berufsrichter. Berufsrichter wird man nach einem Studium der Rechtwissenschaften (Jura) an einer Universität. Nach der ersten Staatsprüfung folgt ein Vorbereitungsdienst (Referendarzeit), der zwei Jahre dauert und mit der zweiten Staatsprüfung endet. Richter sind nur an das Gesetz gebunden. Niemand darf ihnen sagen, welche Urteile sie zu fällen haben, und sie können nur nach einem langwierigen Verfahren abgesetzt werden.
Ehrenamtliche Richter oder Laienrichter haben nicht Jura studiert. Durch ihre Mitwirkung soll die Mitwirkung des Volkes an der Rechtsprechung gewährleistet werden, in dessen Namen die Urteile ergehen („Im Namen des Volkes“ lautet die einheitliche Eingangsformel). Die Laienrichter sind den Berufsrichtern in den Verhandlungen, Beratungen und Abstimmungen gleichgestellt. Bei den Strafgerichten heißen die Laienrichter **Schöffen**.

SICHERUNGSVERWAHRUNG Für die besonders gefährlichen Straftäter kann zusätzlich zu der Verurteilung wegen ihrer Straftat von einem Gericht eine Sicherungsverwahrung angeordnet werden, die das ganze Leben dauern kann. Die Richter müssen ihre Entscheidung auf der Grundlage von zwei Gutachten treffen. Die Anordnung wird alle zwei Jahre überprüft.

STAATSANWALT Die Staatsanwaltschaft beschäftigt sich vor allem mit der Verfolgung von Straftaten. Sie führt das Ermittlungsverfahren im Prozess (↗ S. 36). Die Staatsanwaltschaft erhebt und vertritt die Anklage in der Hauptverhandlung (↗ S. 34) in einem Strafprozess. Staatsanwälte haben an einer Universität Rechtswissenschaften (Jura) studiert.

STRAFE Grundsätzlich gibt es zwei Arten von Strafe. Die **Geldstrafe**: Sie dient der Sühne für ein Fehlverhalten und der Abschreckung anderer möglicher Täter. In über 90 % aller

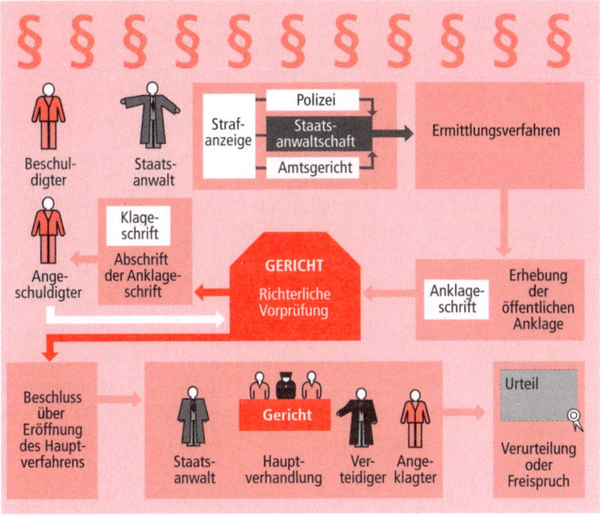

Der Gang eines Strafverfahrens

Verurteilungen werden Geldstrafen ausgesprochen. Die Geldstrafe wird nach sogenannten Tagessätzen berechnet. Die Tagessätze richten sich nach den Einkommens- und Vermögensverhältnissen des Täters bzw. der Täterin. Wird die Geldstrafe nicht bezahlt, tritt an ihre Stelle die Freiheitsstrafe.

Die **Freiheitsstrafe**: Sie ist zeitlich begrenzt, von der Mindestdauer von einem Monat bis zum Höchstmaß von 15 Jahren. Die Freiheitsstrafe dient der Isolierung des Täters und seiner Resozialisierung (↗ S. 37).

■ STRAFRECHT Das Strafrecht wendet sich mit Geboten und Verboten an den einzelnen Bürger; es ist im Strafgesetzbuch niedergelegt. Die Verletzung des Strafrechtes führt zur Strafe (↗ S. 38). Mit dem Strafrecht wird der/die Einzelne, aber auch die Gesellschaft geschützt. Da mit dem Strafrecht wesentlich in

Das Bürgerliche Gesetzbuch (BGB)
2385 Paragraphen in Kraft getreten am 1.1.1900

Allgemeiner Teil	Schuldrecht	Sachenrecht	Familienrecht	Erbrecht
§ 1 – § 240	§ 241 – § 853	§ 854 – §1296	§1297 – §1921	§1922 – § 2385
■ Natürliche Personen ■ Juristische Personen ■ Rechtsgeschäfte ■ Vertretung und Vollmacht ■ Fristen und Termine ■ Verjährung ■ Sicherheitsleistung	■ Schuldverhältnis Gläubiger – Schuldner ■ Begründung und Erlöschen von Schuldverhältnissen ■ Schuldübernahme ■ Einzelne Schuldverhältnisse	■ Besitz ■ Eigentum ■ Nutzungsrecht an beweglichen Sachen ■ Grundpfandrecht	■ Verlöbnis ■ Ehe ■ Ehescheidung ■ Verwandtschaft ■ Unterhaltspflicht ■ Eheliche Kinder ■ Nichteheliche Kinder ■ Annahme als Kind ■ Vormundschaft	■ Gesetzliche und testamentarische Erbfolge ■ Rechtsstellung des Erben ■ Erbschein ■ Pflichtteil ■ Erbverzicht ■ Testament ■ Testamentsvollstrecker ■ Erbvertrag

Das Bürgerliche Gesetzbuch (BGB)

die Freiheitsrechte der Einzelnen eingegriffen wird, unterliegt es besonderen Rechtsgarantien:

- Strafen müssen in Gesetzen festgelegt sein („Keine Strafe ohne Gesetz").
- Strafen dürfen nur von Richtern verhängt werden.
- Gesetze müssen schon vor der Straftat gegolten haben.
- Dem Angeklagten muss seine Schuld nachgewiesen werden; solange dies nicht gelingt, hat er als unschuldig zu gelten (die sogenannte „Unschuldsvermutung"). Bestehen Zweifel am Nachweis der Schuld, so ist er freizusprechen.
- Niemand darf wegen derselben Tat zwei Mal bestraft werden.

Kleinere Verstöße werden nicht mehr dem Strafrecht zugerechnet, sondern zählen zu den Ordnungswidrigkeiten (↗ S. 36).

STRAFTAT Eine Straftat begeht, wer etwas tut (z. B. einen Diebstahl begeht) oder unterlässt (z. B. eine Hilfeleistung bei einem Unfall mit Verletzten), was im Strafrecht (↗ S. 39) mit einer Strafe bedroht ist. Straftaten werden nach der Schwere und den für sie angedrohten Strafen in **Verbrechen** (Mindeststrafe von einem Jahr) und **Vergehen** (geringere Freiheitsstrafe oder Geldstrafe) eingeteilt (↗ Ordnungswidrigkeit, S. 36).

STRAFVERFAHREN Das Strafverfahren ist das gerichtliche Verfahren, um eine Straftat zu ermitteln und eine Strafe für den Täter/die Täterin festzulegen. Es lässt sich in drei Schritte gliedern:
1. Das **Ermittlungsverfahren**: Jemand zeigt bei der Staatsanwaltschaft oder bei der Polizei eine Straftat an. Im folgenden Ermittlungsverfahren wird untersucht, was genau vorgefallen ist und wer die Täter waren. Das kann damit enden, dass die Staatsanwaltschaft das Verfahren einstellt oder Anklage erhebt.
2. Das **Zwischenverfahren**: Die Staatsanwaltschaft wendet sich an das Gericht. Sie beantragt den Erlass eines Strafbefehls oder sie erhebt Anklage. Das Gericht kann entweder den von der Staatsanwaltschaft beantragten Strafbefehl erlassen oder nach Anhörung des Beschuldigten das Hauptverfahren eröffnen.
3. Im Mittelpunkt des **Hauptverfahrens** steht die Hauptverhandlung (↗ S. 34). Sie findet in der Regel öffentlich statt. In dieser werden vom Gericht, der Staatsanwaltschaft und der Verteidigung Beweise erhoben. Die Hauptverhandlung endet mit Verurteilung, Freispruch oder Einstellung des Verfahrens.

VERJÄHRUNG Innerhalb eines bestimmten Zeitraumes (der Verjährungsfrist) muss ein Anspruch, den ein Kläger gegen einen Beklagten hat, vor Gericht geltend gemacht werden, sonst verfällt er. Die normale Verjährungsfrist beträgt 30 Jahre. Bei Gehalts- und Rentenzahlungen beträgt sie vier Jahre, bei den sogenannten Geschäften des täglichen Lebens (z. B. Mietzahlungen, Rechnungen von Handwerkern und Ärzten) zwei Jahre. Bei

Mord oder Totschlag erlischt der Strafanspruch nach 30 Jahren. Das Verbrechen des Völkermordes verjährt überhaupt nicht und wird mit „lebenslang“ bestraft.

■ **VERTEIDIGER** Im Strafprozess hat jeder Beschuldigte das Recht sich des Beistandes eines Verteidigers zu bedienen. Verteidiger sind Rechtsanwälte mit einem abgeschlossenen Jurastudium. Vor Gericht führt der Verteidiger alle Gesichtspunkte an, die zugunsten des Beschuldigten sprechen. Der Beschuldigte kann seinen Verteidiger frei wählen. Wählt der Beschuldigte keinen Verteidiger, so stellt das Gericht unter besonderen Umständen einen Pflichtverteidiger.

■ **VOLLJÄHRIGKEIT** Die Volljährigkeit tritt mit der Vollendung des 18. Lebensjahres ein, d. h. am 18. Geburtstag. Die Volljährigkeit bewirkt z. B. die unbeschränkte Geschäftsfähigkeit und die Ehemündigkeit. Im Strafrecht (↗ S. 39) gelten Personen zwischen dem 18. und 21. Lebensjahr aber immer noch als Heranwachsende. Für sie sind die Jugendgerichte (↗ S. 35) zuständig. Und diese prüfen, ob der Heranwachsende noch nach dem Jugendstrafrecht oder bereits nach den für Erwachsene geltenden Strafvorschriften verurteilt werden soll.

■ **ZIVILRECHT** Das Zivilrecht gibt den rechtlichen Rahmen, in dem Personen ihre Beziehungen zueinander regeln. Im Schuldrecht sind z. B. Vorschläge enthalten, wie Kauf- oder Mietverträge gestaltet sein können. Wie diese aber tatsächlich formuliert werden, ist Sache der Vertragsparteien. Im Sachenrecht sind z. B. Fragen, die den Besitz und das Eigentum betreffen, geregelt. Im Familienrecht werden die Beziehungen zwischen den Ehegatten, den Eltern und ihren Kindern, die Scheidung der Ehe, die Adoption von Kindern und andere Rechtsbeziehungen in der Familie behandelt. Im Erbrecht ist geregelt, was aus dem Vermögen Verstorbener wird.

Lern-Check: Teste dein Wissen!

Kapitel „Recht“	**O.K. ✓**	**Das muss ich noch mal lesen**
Ich kann darlegen, was eine Strafe auf „Bewährung“ ist, und begründen, warum in der Regel Ersttäter dazu verurteilt werden.		S. 31, 32
Ich kann erklären, warum es in der Gesellschaft immer wieder Kontroversen um die Gerechtigkeit in der Rechtsprechung gibt.		S. 33
Ich kann begründen, warum das staatliche Gewaltmonopol sinnvoll ist, welcher Bindung es aber unterliegt und in welchem Fall Notwehr gerechtfertigt sein kann.		S. 33
Ich kann die an einem Hauptverfahren beteiligten Personen aufzählen und ihre Funktion beschreiben.		S. 34, 35
Ich kann die gegensätzlichen Positionen der Anhänger des Naturrechts und des Rechtspositivismus beschreiben und erörtern.		S. 35, 36
Ich kann den Unterschied zwischen einer Ordnungswidrigkeit und einer Straftat erklären.		S. 36, 41
Ich kann benennen, wer jeweils in einem Zivilprozess, Verwaltungsprozess und Strafprozess die streitenden Parteien sind.		S. 36
Ich kann die Unterschiede zwischen dem Rechtsmittel der Berufung und der Revision erklären.		S. 37
Ich kann beschreiben, was Laienrichter und Berufsrichter sind und wie sie in der Rechtsprechung zusammenwirken.		S. 37, 38
Ich kann die fünf Rechtsgarantien im Strafrecht aufzählen, mit denen der Einzelne vor dem Staat geschützt wird.		S. 39, 40

3 Wirtschaft und Arbeitswelt

■ **AKTIE** Die Aktie ist ein Wertpapier, durch das ein Anteil am Kapital (↗ S. 50) einer Aktiengesellschaft (AG) erworben wird. Die Höhe des Anteils entspricht dem der Aktie aufgedruckten Nennwert (z. B. 50 €). Gekauft und verkauft werden Aktien an den Börsen (↗ S. 46).

Durch den Handel erhalten Aktien einen bestimmten Kurswert. Dieser stimmt nicht mit dem Nennwert der Aktie überein, sondern liegt darüber oder darunter.

Der Aktienbesitzer hat folgende Rechte:

- Er hat in der Hauptversammlung der Aktionäre des Unternehmens Stimmrecht. In dieser Versammlung wird über die künftigen Planungen des Unternehmens entschieden.
- Er hat das Recht auf Beteiligung am Gewinn (Dividende).
- Er hat das Anrecht auf den Bezug von jungen (neu ausgegebenen) Aktien.
- Er erhält eine Beteiligung an den Erlösen, wenn die AG verkauft oder aufgelöst wird.

■ **ARBEITSLOSIGKEIT** ist das größte Problem der Marktwirtschaft. Von Arbeitslosigkeit spricht man, wenn ein Arbeitnehmer beim Arbeitsamt als „arbeitsuchend" gemeldet ist. Arbeitslosigkeit kann viele Ursachen haben wie

- jahreszeitliche Schwankungen: Davon sind vor allem die Berufsgruppen betroffen, die im Freien arbeiten, wie z. B. Bauarbeiter, Beschäftigte im Gartenbau und in der Gastronomie, die im Winter arbeitslos sind.
- konjunkturelle Schwankungen: Wenn bestimmte Waren nicht mehr gekauft werden, z. B. Autos, dann wird die Produktion dieser Waren gesenkt und Arbeitnehmer werden entlassen.

- strukturelle Probleme: Wenn die Nachfrage nach Waren und Gütern eines bestimmten Wirtschaftszweiges, wie z. B. der Steinkohle, zurückgeht oder Arbeitsplätze, wie z. B. in der Textilindustrie, ins Ausland verlagert werden oder Standortnachteile vorliegen, z. B. schlechte Verkehrsanbindung.
- technologischer Fortschritt: Menschen werden durch Maschinen ersetzt, z. B. Schweißen mit Robotern in der Automobilindustrie.

Von Arbeitslosigkeit ist nicht nur der/die Einzelne, sondern häufig eine ganze Familie betroffen. Wegen der vielen Probleme, die sich aus der Arbeitslosigkeit ergeben (weniger Geld, seelische Belastung), gilt die Bekämpfung der Arbeitslosigkeit als eine der wichtigsten Aufgaben der Politik.

■ **AUSZUBILDENDE** sind Mädchen und Jungen, Frauen und Männer, die sich in der Berufsausbildung (Lehre), in der beruflichen Weiterbildung (z. B. im Computerkurs) oder in der beruflichen Umschulung (z. B. von der Friseurin zur Touristikfachfrau) befinden.
Am häufigsten wird der Ausdruck Auszubildender auf „Lehrlinge" angewandt („Azubis"); das sind die Personen, die sich in der beruflichen Erstausbildung befinden. Der praktische Teil der beruflichen Ausbildung findet in einem Betrieb, der theoretische Teil in Berufsschulen statt (**duales System**).
Am Anfang der Ausbildung wird ein Berufsausbildungsvertrag zwischen dem Auszubildenden und dem Ausbildungsbetrieb geschlossen. Der Auszubildende erhält während seiner Ausbildung eine Vergütung und nach dem Ende der Berufsausbildung ein Zeugnis, das über die Art, Dauer und Ziele der Berufsausbildung Auskunft gibt (↗ Jugendarbeitsschutz, S. 50).

■ **BIP (BRUTTOINLANDSPRODUKT)** Das BIP ist das gesamte Einkommen, das im Inland entstanden ist. Das BIP dient als Maßstab für die Leistungsfähigkeit einer Volkswirtschaft, z. B. der deutschen. Der Vergleich des BIPs von Jahr zu

Jahr zeigt, ob die Wirtschaftsleistung gewachsen, gleich geblieben („Null-Wachstum") oder zurückgegangen („Minus-Wachstum") ist. Das **BSP (Bruttosozialprodukt)** umfasst das gesamte Einkommen aller Inländer, das auch im Ausland erwirtschaftet wurde. Damit lässt sich die Leistungsfähigkeit einer Volkswirtschaft international vergleichen.

■ BÖRSE Die Börse ist ein Markt, auf dem durch die Gegenüberstellung von Angebot (Verkauf) und Nachfrage (Kauf) der Preis der Güter ermittelt wird, die an der Börse gehandelt werden, dort aber nicht vorhanden sein müssen.
Man unterscheidet verschiedene Arten von Börsen wie

- Warenbörse: Sie dient dem Handel und der schnellen Bildung von Preisen für große Mengen von Handelsware, z. B. Baumwolle, Kakao u. a.
- Wertpapierbörse: Sie dient der Beschaffung von Kapital (↗ S. 50) für Wirtschaft und Staat und zur Geldanlage von Wertpapieren, auf die es Zinsen gibt.
- Devisenbörse: Sie führt den Kauf und Verkauf ausländischer Zahlungsmittel (z. B. Dollar) durch.
- Frachten- bzw. Schifferbörse: Sie führt den Handel mit Schifffahrtsversicherungen durch.
- Computerbörse: Die Teilnehmer benutzen Computer für ihre Börsengeschäfte und können so rund um die Uhr weltweit am Börsenhandel teilnehmen.

Am Börsenmarkt darf man aber nur mit einer besonderen Zulassung teilnehmen.

■ DIENSTLEISTUNG Dienstleistungen werden erbracht, damit bereits hergestellte Produkte genutzt werden können, z. B. die Reparatur eines Autos, der Transport von Möbeln, die Vergabe eines Kredits zum Kauf eines Hauses. Persönliche Dienstleistungen sind z. B. die Behandlung durch einen Arzt, die Tätigkeiten eines Friseurs oder einer Hausfrau/eines Hausmannes, die Wissensvermittlung in der Schule u. a.

EINKOMMEN Einkommen sind Geldeinkünfte. Im Allgemeinen werden vier Einkommensarten unterschieden:

- Einkommen aus nicht selbstständiger Arbeit: Gehalt, Lohn
- Einkommen, das der Unternehmer bezieht: Gewinne
- Einkommen aus Vermögen: Zinsen und Dividende
- Einkommen ohne Gegenleistung: Renten und Pensionen

Zusätzlich muss man zwischen dem **Brutto**- und dem **Nettoeinkommen** unterscheiden: Vom Brutto-Einkommen werden die Steuern und die Abgaben für die Sozialversicherung (↗ S. 74) abgezogen, sodass der Empfänger/die Empfängerin eines Einkommens erst über das Nettoeinkommen frei verfügen kann. Das Einkommen unterliegt auch der Inflation (↗ S. 48). Beträgt in einem Jahr die Erhöhung des Einkommens 3 % und liegt die Inflationsrate bei 7 %, so ist das **Nominaleinkommen** zwar gestiegen, das **Realeinkommen** aber gesunken.

GEWERKSCHAFTEN Die Gewerkschaften kämpfen sowohl in Verhandlungen mit den Arbeitgebern als auch mit Streiks (↗ S. 58) vor allem für kürzere Arbeitszeiten, höhere Löhne und bessere Arbeitsbedingungen für die Arbeitnehmerschaft, die im Tarifvertrag (↗ S. 59) festgelegt werden.
Die einzelnen Gewerkschaften in Deutschland, die nach Industriezweigen und Wirtschaftsbereichen organisiert sind, wie z. B. die Industriegewerkschaft Metall oder die Gewerkschaft Nahrung-Genuss-Gaststätten, sind im Deutschen Gewerkschaftsbund (DGB) zusammengeschlossen, dem mehrere Millionen Arbeitnehmer angehören. Daneben gibt es die Deutsche Angestelltengewerkschaft (DAG), den Deutschen Beamtenbund (DBB) und den Christlichen Gewerkschaftsbund Deutschlands (CGB).

GÜTER Bei Gütern unterscheidet man nach ihrem Verwendungszweck in

- **Konsumgüter:** Diese werden von den Verbrauchern genutzt und verbraucht. Dazu gehören z. B. Lebensmittel, Fernsehgeräte, Autos, Computer, Kleidung, Möbel u. a.

- **Investitions-** oder **Produktionsgüter:** Mit den Investitionsgütern werden wieder Investitionsgüter oder Konsumgüter hergestellt. Mit den Maschinen (Investitionsgüter) werden Werkzeuge (Investitionsgüter) oder Autos (Konsumgut) oder eine Konservendose (Konsumgut) hergestellt.

INDUSTRIE Die industrielle Produktion ist durch den überwiegenden Einsatz von Maschinen und einen hohen Grad der Arbeitsteilung gekennzeichnet.
Die Industrie kann nach der Höhe der Verarbeitungsstufe der Rohstoffe in verschiedene Zweige eingeteilt werden wie

- **Rohstoffindustrie:** z. B. Gewinnung und Bearbeitung von Erdöl zu Benzin oder Heizöl oder die Stromerzeugung in Kohle- oder Wasserkraftwerken.
- **Halbfabrikatindustrie:** z. B. die Stahlproduktion, die Bleche für die Automobilindustrie herstellt.
- **Fertigwarenindustrie:** z. B. Automobilbau.

Die Industrie wird auch nach der Art der hergestellten Güter (↗ S. 47) eingeteilt in

- **Investitionsgüterindustrie:** Dazu zählen z. B. die Metallindustrie, der Maschinenbau, der Fahrzeugbau, die Elektrotechnik und anderes. Mit den hergestellten Investitionsgütern lassen sich Konsumgüter herstellen, die zum Verbrauch bestimmt sind.
- **Konsumgüterindustrie:** Darunter fallen die Lebensmittel-, Textil-, Möbel-, Sportartikelindustrie.

INFLATION bezeichnet eine länger anhaltende Preissteigerung bzw. Wertminderung. Damit wird der Vorgang beschrieben, dass die Menge an Gütern (↗ S. 47) und Dienstleistungen (↗ S. 46), die der Verbraucher z. B. für 100,- € erhalten kann, im Laufe der Zeit immer weniger wird. Bei einem Anstieg der Preise für Güter und Dienstleistungen kann man weniger für einen bestimmten Geldbetrag einkaufen. Der Geldwert hängt also von der **Kaufkraft** ab.

Als mögliche Ursachen für eine Inflation werden genannt:

- Eine Ausweitung der Geldmenge durch den Staat, weil er mehr Geld ausgibt als er durch Steuern und Abgaben einnimmt (**Defizit**).
- Die Nachfrage nach Gütern und Dienstleistungen ist größer als das Angebot. Wenn z. B. die Konsumenten mehr Autos kaufen oder Flugreisen buchen wollen als angeboten werden, können die Anbieter die Preise erhöhen.
- Die **Preis-Lohn-Spirale**: Da Preissteigerungen zur Minderung des Reallohnes (↗ Lohn, S. 53) führen, fordern die Arbeitnehmer und Gewerkschaften Lohnerhöhungen, um den Verlust der Kaufkraft auszugleichen. Die Unternehmer holen die Steigerung der Lohnkosten über eine Erhöhung der Preise herein.

Von **Deflation** spricht man im umgekehrten Fall: Wenn die Gütermenge über die Nachfrage hinausgeht, so führt das zwar zur Senkung der Preise, aber auch zu Produktionsrückgang, Kurzarbeit und Arbeitslosigkeit.

INFRASTRUKTUR Die Infrastruktur ist die Grundlage, auf der die wirtschaftliche Entwicklung eines Landes aufgebaut ist. Zur Infrastruktur zählen Verkehrswege (Straßen, Eisenbahnlinien, Wasserstraßen), die Bereitstellung von Energie (Kraftwerke zur Stromerzeugung), alle Bildungs- und Gesundheitseinrichtungen (Schulen, Universitäten, Theater, Krankenhäuser, Schwimmbäder), die Kommunikationsmittel (v. a. Telefon) und Einrichtungen des Umweltschutzes (z. B. Kläranlagen, Trinkwasseraufbereitung).

Zur Infrastruktur gehören aber auch die geltenden Rechtsnormen (z. B. die gesetzlichen Regelungen des privaten Eigentums, die Steuergesetzgebung) und der Bildungs- und Ausbildungsstand der Bevölkerung. Die Infrastruktur wird vom Staat (z. B. Straßen, Schulen) oder von Unternehmen, die unter staatlicher Kontrolle stehen (z. B. Telekom, RWE), eingerichtet. Ihre Quantität und Qualität wird als Gradmesser für den Entwicklungsstand und die Entwicklungschancen eines Landes angesehen.

■ **INVESTITIONEN** sind bei der Gründung eines Unternehmens notwendig: für den Bau der Fabrikhalle, zur Anschaffung von Maschinen und Fahrzeugen, die **Gründungsinvestitionen**. Zum Erhalt und Unterhalt des Unternehmens sind weitere Investitionen notwendig (z. B. für die Renovierung der Gebäude), die **Reinvestitionen**. Wird zur Leistungssteigerung des Unternehmens (Ausweitung der Kapazität) das Gebäude erweitert und weitere Maschinen und Fahrzeuge angeschafft, spricht man von **Nettoinvestitionen**. Re- und Nettoinvestitionen sind notwendig, damit Wirtschaft und Volkseinkommen wachsen.

■ **JUGENDARBEITSSCHUTZ** Das Jugendarbeitsschutzgesetz regelt unter anderem die Arbeitszeit von Jugendlichen (z. B. 8 Stunden täglich, 40 Stunden in der Woche), das Mindestalter für eine Beschäftigung (15 Jahre), die Freistellung für die Teilnahme am Berufsschulunterricht (Duales System: Ausbildung im Betrieb und in der Schule) und den Urlaub (zwischen 15 und 30 Arbeitstagen) (↗ Auszubildende, S. 45).

■ **KAPITAL** Im allgemeinen Sprachgebrauch stellt man sich darunter Geld oder Vermögen vor. Im Sinne der Betriebswirtschaft sind mit Kapital die Mittel an Geld und Gütern (↗ S. 47) gemeint, die dem Unternehmen zur Verfügung stehen und der Produktion dienen. Man unterscheidet zwischen dem **Eigenkapital**, das der Eigentümer selbst aufbringt, und dem **Fremdkapital**, das ihm andere (z. B. Banken) gegen eine entsprechende Verzinsung zur Verfügung stellen.

■ **KAPITALISMUS** ist ein Wirtschaftssystem, in dem die Mehrheit der Produktionsmittel (Rohstoffe, Maschinen) im Privatbesitz ist. Zentral in diesem Modell ist das Gewinnstreben des Einzelnen. Der Produzent/Anbieter mit dem Ziel, Gewinne zu erzielen, und der Konsument mit dem Ziel, Produkte in guter Qualität zu einem günstigen Preis zu erhalten, treffen sich auf dem Markt (↗ S. 54). Angebot und Nachfrage führen zum

Marktpreis. Der Staat hält sich weitgehend aus dem Wirtschaftsleben heraus, er gibt der Wirtschaft einen gesetzlichen Rahmen, um z. B. den Markt vor kriminellen Machenschaften zu schützen. Im Kapitalismus bzw. der **Marktwirtschaft** gibt es entweder keine oder nur eine sehr schwache Sozialgesetzgebung, da jeder Einzelne für sich selbst verantwortlich ist. Die Marktwirtschaft bildet als Modell einer Wirtschaftsordnung den Gegensatz zur Zentralverwaltungswirtschaft (↗ S. 61). In der Bundesrepublik besteht das System der Sozialen Marktwirtschaft (↗ S. 57).

■ **KARTELL** Zu einem Kartell schließen sich Unternehmen desselben Wirtschaftszweiges (z. B. Flugzeugbau), die aber selbstständig bleiben, zusammen. Die Unternehmen in einem Kartell verfolgen gemeinsam das Ziel, den Wettbewerb untereinander zu beschränken und auszuschalten. Zu diesem Zweck treffen sie Absprachen über Preise, Absatzmengen, Absatzgebiete und anderes. Kartelle setzen den Wettbewerb, der Grundlage der Marktwirtschaft ist, außer Kraft. Über die Einhaltung des Kartellrechtes wachen in der Bundesrepublik das Bundesministerium für Wirtschaft, das Bundeskartellamt und die zuständigen Behörden in den Bundesländern (↗ Markt, S. 54).

■ **KOALITIONSFREIHEIT** Jeder hat das Recht (Artikel 9, Absatz 3 des Grundgesetzes) Vereinigungen zu gründen oder diesen beizutreten, die sich um die Förderung der Arbeits- und Wirtschaftsbedingungen kümmern. Zu diesen Vereinigungen, die man **Koalitionen** nennt, gehören die Gewerkschaften als die Berufsverbände der Arbeitnehmer und die **Arbeitgeberverbände** auf der Seite der Arbeitgeber. Die Mitgliedschaft in den Koalitionen erfolgt freiwillig, eine Zwangsmitgliedschaft gibt es nicht (↗ Gewerkschaften, S. 47).

■ **KONJUNKTUR** bedeutet das Auf und Ab in der wirtschaftlichen Entwicklung. Innerhalb der Konjunktur unterscheidet man folgende vier Phasen:

1. **Aufschwung:** Die Zahl der Aufträge steigt; folglich wächst die Produktion, die Anzahl der Beschäftigten nimmt zu und die Gewinne der Unternehmen steigen stärker als die Löhne.
2. **Hochkonjunktur (Boom):** Die Wirtschaft hat viele Aufträge, es herrscht Vollbeschäftigung, die Investitionen (↗ S. 50) nehmen zu, Löhne und Preise steigen.
3. **Abschwung (Rezession):** Die Zahl der Aufträge sinkt, folglich geht die Produktion zurück, die Zahl der Arbeitslosen steigt an. Die Investitionen gehen zurück. Die Preise steigen langsamer, aber der Lohnzuwachs der Arbeitnehmer ist noch relativ hoch.
4. **Tiefstand (Depression):** Die Zahl der Aufträge sinkt noch weiter ab, die Produktion schrumpft, die Zahl der Arbeitslosen wird immer höher, die Zahl der Pleiten und Firmenzusammenbrüche wächst, die Investitionen bleiben zunehmend aus.

Diesen Konjunkturzyklus versucht der Staat mit der ↗ Konjunkturpolitik zu steuern.

■ **KONJUNKTURPOLITIK** Mit Konjunkturpolitik werden alle Maßnahmen des Staates bezeichnet, die das Ziel haben, die Schwankungen der Wirtschaftskonjunktur abzufangen und ihre Folgen abzumildern. Dazu gehören in erster Linie die Bemühungen, dass die Preise nicht zu sehr steigen und möglichst viele Menschen Arbeit haben (Vollbeschäftigung). Konjunkturpolitik wird von der Bundesregierung, der Bundesbank und der Europäischen Zentralbank geplant und durchgeführt.
Maßnahmen staatlicher Konjunkturpolitik können sein: Einschränkung der öffentlichen Ausgaben und Steuererhöhungen während des **Aufschwungs** und in der **Hochkonjunktur**. Im **Abschwung (Rezession)** und in der Krise des **Tiefstands (Depression)** kann die Regierung die staatlichen Ausgaben steigern, die Steuern senken und Arbeitsbeschaffungsmaßnahmen einrichten.
Maßnahmen der Bundesbank können sein: Im Aufschwung und in der Hochkonjunktur werden die Zinsen auf Kredite deutlich erhöht, um die Nachfrage und die Inflation zu dämpfen. Im Ab-

schwung und in der Depression werden die Zinsen auf Kredite gesenkt, um die Nachfrage und die Investitionstätigkeit zu beleben.

LOHN ist das Entgelt, das Arbeiter, **Gehalt** ist das Entgelt, das Angestellte und Beamte für ihre geleistete Arbeit erhalten. Man unterscheidet zwischen dem Brutto-Lohn, der den Gesamtbetrag des Lohnes benennt, und dem Netto-Lohn, der nach Abzug der Steuern und Sozialabgaben (Unfall- und Kranken-, Pflege-, Renten- und Arbeitslosenversicherung) dem Lohn- und Gehaltsempfänger verbleibt.

Lohnnebenkosten sind Zusatzkosten für den Arbeitgeber, die dieser dem Arbeitnehmer nicht als Lohn ausbezahlt, sondern die als Beiträge in die Arbeitslosen-, Kranken-, Pflege- und Rentenversicherung (↗ Sozialversicherung, S. 74) fließen. Die Höhe der Lohnnebenkosten ist ein wichtiges Thema beim Streit um die Standortnachteile der Bundesrepublik im Zuge der Globalisierung (↗ S. 129).

MAGISCHES VIERECK Mit diesem werden die vier bzw. fünf Ziele der Wirtschaftspolitik benannt. Als „magisch" werden sie deshalb bezeichnet, weil alle Ziele gleichzeitig nicht erreicht werden können. Zu diesen Zielen zählen:

- Vollbeschäftigung, d. h,. die Arbeitslosigkeit liegt unter 3 %.
- Stabilität des Geldwertes, d. h., es gibt nur eine leichte („schleichende") Inflation (↗ S. 48).
- ausgeglichene Zahlungsbilanz, d. h., der Wert der Ausfuhren ins Ausland (Exporte) und der Einfuhren aus dem Ausland (Importe) halten sich die Waage.
- stetiges Wachstum der Wirtschaft, d. h., Rezession und Depression sind mithilfe einer sinnvollen Konjunkturpolitik (↗ S. 52) zu vermeiden.
- gerechte Einkommensverteilung, d. h., die Abstände zwischen den höchsten und niedrigsten Einkommen müssen so gestaltet sein, dass sie als „gerecht" empfunden werden.

MARKT Auf einem Wirtschaftsmarkt treffen sich Anbieter und Nachfrager (Konsumenten) von Waren und Dienstleistungen, um diese zu verkaufen und zu kaufen. Durch das Spiel von Angebot und Nachfrage bilden sich Preise. Dieser Vorgang ist das wesentliche Element der Marktwirtschaft.

MITBESTIMMUNG Mit Mitbestimmung wird die Beteiligung der Arbeitnehmerinnen und Arbeitnehmer an Entscheidungen und Planungen in Unternehmen bezeichnet, wie z. B. bei der Regelung von Arbeitsbedingungen und in personellen Angelegenheiten, z. B. bei der Einstellung und Entlassung von Mitarbeitern. Ausgenommen von diesem Mitsprache- und Mitbestimmungsrecht sind nur die Arbeitnehmer in Kleinstbetrieben mit weniger als fünf Beschäftigten. Ziel der Mitbestimmung ist es, die Interessen der Arbeitnehmer gegenüber denen

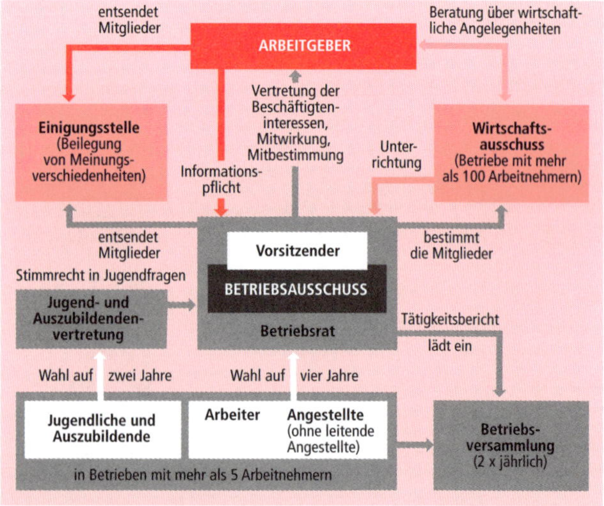

Das Betriebsverfassungsgesetz

der Unternehmensführung abzusichern („Arbeit" gegenüber „Kapital"), um den sozialen Frieden zu wahren. Beide Interessengruppen gelten grundsätzlich als gleichberechtigt.
Die Mitbestimmung kann über den **Betriebsrat** (gewählte Interessenvertretung der Arbeitnehmer) erfolgen oder durch gewählte Vertreter im **Aufsichtsrat** (Vertreter der Eigentümer, der Aktionäre und der Arbeitnehmer; er überwacht die Geschäftsführung).

■ **MONOPOL** Ein Monopol, ein „Recht auf Alleinverkauf", sei es als Anbieter (z. B. Branntweinmonopol), sei es als Nachfrager (z. B. der Staat als Käufer der Produkte der Waffenindustrie), zerstört den Wettbewerb des Marktes, da er keine Konkurrenten zu berücksichtigen hat. Staatliche Maßnahmen sollen deshalb das Entstehen von Monopolen verhindern. Bei den beiden Beispielen von Monopolen sind diese allerdings erwünscht, gerade um den privaten Wettbewerb auszuschalten.

■ **NEOLIBERALISMUS** Der Neoliberalismus fordert die Rückkehr zu den traditionellen Werten des Liberalismus (↗ S. 19), vor allem die Freiheit und Selbstverantwortlichkeit des Einzelnen. Er fordert den Rückzug des Staates aus der Wirtschaft, den freien Welthandel und ein Zurückführen der Sozialgesetzgebung. Durch die Globalisierung (↗ S. 129) hat der Neoliberalismus Auftrieb erhalten. Kritiker sehen allerdings die Gefahr, dass durch die neoliberale Wirtschaft das Niveau der Löhne, der Arbeitnehmerrechte und des Umweltschutzes abgesenkt werden.

■ **PRODUKTION** Mit Produktion wird die Herstellung von Gütern und Dienstleistungen durch den Einsatz der Produktionsfaktoren (↗ S. 56) Arbeit, Boden und Kapital bezeichnet. Der Produktionsprozess verläuft aber z. B. in einer Automobilfabrik, einer Glasbläserei, der Kanzlei eines Rechtsanwaltes oder der Praxis eines Arztes jeweils vollkommen anders ab.

■ **PRODUKTIONSFAKTOREN** Die Produktionsfaktoren Arbeit, Boden und Kapital (↗ S. 50) werden zur Produktion von Gütern (↗ S. 47) und Dienstleistungen (↗ S. 46) benötigt.
Arbeit: Sie kann in leitende und ausführende, geistige und handwerkliche, gelernte, ungelernte oder angelernte Arbeit eingeteilt werden.
Boden: Das ist vor allem der Standort des Unternehmens, seine Verkehrslage, seine Nähe zum Arbeits-, Rohstoff- und Absatzmarkt.
Kapital: Dazu zählen Geld, Maschinen, Gebäude, Fuhrpark und anderes.

■ **RATIONALISIERUNG** wird angewandt, um die Produktion von Gütern (wie z. B. von Autos) zu verbilligen und zu steigern.
Auch in der Verwaltung kann rationalisiert werden, wenn für Entscheidungen der Verwaltung (z. B. Genehmigungen für den Bau eines Supermarktes) weniger Stellen zuständig sind. Maßnahmen zur Rationalisierung können dazu führen, dass die Verbraucher mit besseren und billigeren Produkten versorgt und dass die Verwaltungsakte einfacher werden. Auf der anderen Seite trägt die Rationalisierung zur Arbeitslosigkeit (↗ S. 44) bei.

■ **SCHLICHTUNG** Bei Auseinandersetzungen zwischen den Parteien des Tarifvertrages (↗ S. 59) kann ein Schlichtungsverfahren eingeleitet werden. Dadurch wird ein drohender Streik hinausgezögert oder sogar überflüssig. Die Schlichtungsverhandlungen zwischen den Vertretern der Gewerkschaften und der Arbeitgeber werden von einem neutralen Schlichter geleitet, den beide Seiten akzeptieren. Sind beide Seiten mit dem Schiedsspruch des Schlichters einverstanden, wird ein neuer Tarifvertrag abgeschlossen. Stimmt eine Seite der Vertragsparteien nicht zu, kann zum Kampfmittel des Streiks (↗ S. 58) oder der Aussperrung gegriffen werden, und es kommt erneut zu Schlichtungsverhandlungen.

SOZIALE MARKTWIRTSCHAFT Die sogenannte Soziale Marktwirtschaft funktioniert nach den gleichen Grundsätzen wie die Marktwirtschaft, lässt aber aus sozialpolitischen Gründen Eingriffe des Staates zu. Auch in der Sozialen Marktwirtschaft hat der Markt, auf dem die Preise Angebot und Nachfrage zum Ausgleich bringen, die wichtigste Bedeutung. Das Spiel von Angebot und Nachfrage braucht den Wettbewerb. Um diesen zu schützen, greift der Staat ein: Mit dem Verbot und der Kontrolle von Kartellen (↗ S. 51) und mithilfe von Gesetzen, die den Wettbewerb gewährleisten.

In einer Marktwirtschaft werden die Löhne nach der erbrachten Leistung bezahlt. In der Sozialen Marktwirtschaft wird in vielfältiger Form Ausgleich für die wirtschaftlich Schwächeren geleistet (↗ Sozialversicherung, S. 74), damit alle in menschenwürdiger Weise am sozialen Leben teilnehmen können. Auch die staatliche Konjunkturpolitik (↗ S. 52) zielt darauf ab, die Marktwirtschaft sozial zu gestalten.

STEUERN sind Abgaben, die der Staat von Personen und Unternehmen erhebt, um seine Aufgaben erfüllen zu können. Die Steuern sind außerdem ein Mittel, um sozialen Ausgleich zwischen Reich und Arm zu erzielen. Die gut Verdienenden zahlen höhere Steuern; auf der anderen Seite werden die sozial Schwachen vom Staat unterstützt. Auch dienen die Steuern als Mittel der Konjunkturpolitik.

Die Steuern werden als **direkte** und **indirekte Steuern** erhoben. Direkte Steuern sind z. B. die Einkommensteuer, die die Einkünfte der Selbstständigen betrifft. Die Arbeitnehmer zahlen dafür die Lohnsteuer. Indirekte Steuern sind an den Konsum einer Ware gebunden: Tabaksteuer zahlen nur diejenigen, die Tabakwaren kaufen, Mineralölsteuer nur diejenigen, die tanken.

In Deutschland werden über 50 verschiedene Steuern erhoben. Von den Steuern sind die **Gebühren** zu unterscheiden, die man für eine Dienstleistung der Gemeinde, des Landes oder des Bundes zu leisten hat: z. B. Wasser- und Abwassergebühren, Abfallgebühren, Gebühren für die An- und Abmeldung eines Kraftfahrzeuges, für die Ausstellung eines Passes etc. Als zeitlich befristete Steuer wurde der „Solidaritätszuschlag“ eingeführt.

STREIK Der Streik ist die organisierte Niederlegung und Verweigerung der Arbeit durch eine größere Anzahl von Arbeitnehmern. Der Streik ist rechtlich nur zulässig, wenn er von den Arbeitnehmerverbänden (Gewerkschaften) nach einer Meinungsbefragung ihrer Mitglieder, der **Urabstimmung**, organisiert wird. Rechtlich nicht erlaubt sind **wilde Streiks**, die ohne die Organisation der Arbeitnehmerverbände durchgeführt werden. Ziele des Streiks können sein:

- wirtschaftliche Ziele: Erhöhung der Löhne
- soziale Ziele: mehr Urlaubstage, Verbesserung der Arbeitsbedingungen (z. B. Sicherheit im Bergbau)

Streiks zur Durchsetzung politischer Ziele (z. B. mit der Forderung, dass Deutschland aus der NATO austreten soll) sind in Deutschland nicht erlaubt. Beamte haben kein Streikrecht.
Die Arbeitgeber können auf den Streik mit der **Aussperrung** reagieren. Dabei sperrt der Arbeitgeber eine größere Anzahl von Arbeitnehmern planmäßig von Arbeit und Entlohnung aus. Nach dem Ende des Arbeitskampfes müssen die Ausgesperrten aber weiterbeschäftigt werden.

STRUKTURWANDEL Kennzeichen moderner Volkswirtschaften ist die dauernde Veränderung der Beschäftigungs- und Produktionsstrukturen. So fand in den letzten hundert Jahren eine stetige Verschiebung der Bedeutung von Land- und Forstwirtschaft (primärer Sektor) über das Handwerk und die Industrie (sekundärer Sektor) zu den Dienstleistungen (tertiärer Sektor) statt. Im Ruhrgebiet vollzieht sich seit vielen Jahren der Strukturwandel vom sekundären zum tertiären Sektor. Der Strukturwandel kann zu großen Schwierigkeiten wie Arbeitslosigkeit (z. B. im Ruhrgebiet) und Abwanderung von qualifizierten Arbeitskräften (z. B. in den neuen Bundesländern) führen, bringt aber auch Steigerung der Produktivität und neue Berufe (z. B. im Bereich der Informationstechnologien) mit sich. Das Problem für die Bundesrepublik ist, dass nicht so viele neue Arbeitsplätze im tertiären Sektor entstehen wie im sekundären wegfallen, was zusätzlich noch dadurch verschärft wird, dass im Zuge der Globalisierung (↗ S. 129) Firmen ihre Produktion ins Ausland verlagern (↗ Dienstleistung, S. 46).

■ SUBVENTION Eine solche Hilfeleistung gewährt der Staat einzelnen Unternehmen (zur Überwindung einer Krise), einer ganzen Branche (Kohlebergbau, Landwirtschaft) oder einer Region (Küste, Bergbauern). Die Subvention kann direkt, als Geldzahlung, oder indirekt, z. B. als Steuerermäßigung, gegeben werden.

Gegen die Vergabe von Subventionen wird angeführt, dass sie den Wettbewerb verzerrten, weil sie die Konkurrenz auf dem Markt verfälschten. Für die Vergabe von Subventionen wird angeführt, dass mit ihnen in erster Linie Arbeitsplätze gesichert würden (↗ Soziale Marktwirtschaft, S. 57).

■ TARIFAUTONOMIE bedeutet, dass Arbeitnehmer und Arbeitgeber, bzw. Gewerkschaften und Arbeitgeberverbände, die Arbeitsverhältnisse in Tarifverträgen selbst regeln, ohne dass der Staat sich einmischen darf.

■ TARIFVERTRAG Tarifverträge sind schriftliche Vereinbarungen, in denen die Tarifpartner, die Gewerkschaften (↗ S. 47) als Vertreter der Arbeitnehmerverbände und die der **Arbeitgeberverbände** ihre Rechte und Pflichten verbindlich für beide Vertragsparteien festlegen. In den Tarifverträgen werden in erster Linie die Löhne und Gehälter geregelt (Lohntarif). Außerdem werden alle Rahmenbedingungen der Arbeitsverhältnisse (z. B. Urlaubstage, Weihnachtsgeld, Betriebsrenten u. a.) in die Tarifverträge aufgenommen (Manteltarif, Rahmentarif). Die Bestimmungen der Tarifverträge sind Mindestregelungen für die einzelnen Arbeitsverhältnisse einer ganzen Branche (z. B. der Metall- oder Baubranche). Von ihnen kann nur zugunsten der Arbeitnehmer abgewichen werden. Tarifverträge werden in der Regel für eine bestimmte Zeit, meistens für ein Jahr, geschlossen. Solange die Tarifverträge gelten, dürfen die Vertragspartner keine Kampfmaßnahmen wie Streik und Aussperrung ergreifen; es gilt die **Friedenspflicht**.

■ **UNTERNEHMER** Ein Unternehmer bzw. eine Unternehmerin leitet in eigener Verantwortung einen Betrieb und trifft Entscheidungen selbst. Der selbstständige Unternehmer ist Eigentümer seines Unternehmens. Er verfügt über den Gewinn, den er erwirtschaftet, er trägt aber auch das wirtschaftliche und finanzielle Risiko. Im Gegensatz zum selbstständigen Unternehmer ist der **Manager** nicht der Eigentümer, sondern Angestellter des Unternehmens. Er hat aber die Verfügungsgewalt und Entscheidungsbefugnis wie ein selbstständiger Unternehmer.

■ **VERBRAUCHERSCHUTZ** Viele Rechtsvorschriften, aber auch Beratungsstellen sollen den Verbraucher bzw. Konsumenten vor Benachteiligungen schützen. Zum Verbraucherschutz gehören z. B. die Kennzeichnung der Inhaltsstoffe auf Lebensmittelverpackungen, die Pflicht zur Preisauszeichnung, Rückgabe- und Umtauschrechte, Mindesthaltbarkeitsgarantien, Rücktrittsrechte bei Haustürgeschäften und vieles mehr.

■ **WETTBEWERB** bedeutet, dass die Anbieter von Gütern, Waren und privaten Dienstleistungen in Konkurrenz zueinander stehen. Denn die Nachfrager verlangen günstige Bedingungen, wie z. B. niedrige Preise, Qualität des Angebotes, Haltbarkeit, Aussehen, Leistungsfähigkeit, Garantie, Kundendienst. Der Anbieter ist gezwungen, einen Vorsprung vor seinen Konkurrenten und Gewinne zu erzielen. Der Wettbewerb der Anbieter um die Nachfrager führt nach diesem Modell zu einer optimalen Versorgung der Bevölkerung. Denn erfüllt der Anbieter die Wün-

sche der Konsumenten, so wird er durch Nachfrage und Gewinne belohnt, gelingt ihm dies aber nicht, so wird er durch Verluste und schließlich durch Konkurs „bestraft". Wegen des fortwährenden Wettbewerbs um die Gunst der Nachfrager entstehen ständig neue Produkte und Dienstleistungen, diejenigen Anbieter, die nicht nachgefragt werden, verschwinden vom Markt (↗ S. 54).
Gefahren für den Wettbewerb entstehen dadurch, dass durch die dauernde Konkurrenz die Anzahl der Anbieter immer kleiner werden kann. Diese können untereinander Absprachen zur Aufteilung des Marktes treffen (↗ Kartell, S. 51). Neue Anbieter, die auf den Markt wollen, kämpfen gegen die großen Konkurrenten vor allem mit dem Problem des Mangels an Kapital (↗ S. 50).

■ **ZENTRALVERWALTUNGSWIRTSCHAFT** In solch einer Wirtschaftsordnung wird die gesamte Volkswirtschaft durch eine zentrale Behörde gelenkt. Die Zentralverwaltungswirtschaft war in den ehemaligen Ostblockstaaten die vorherrschende Wirtschaftsform. An die Stelle des privaten Gewinnstrebens sollte das Gemeinwohl treten. Einkauf der Rohstoffe, die Planung von Investitionen und Produktion sowie die Preise wurden vom Staat in Fünfjahresplänen festgesetzt. Die Bedürfnisse der Konsumenten spielten eine geringe Rolle, die Preise spiegelten nicht den Marktpreis wider. Da viele Grundnahrungsmittel und Grundbedürfnisse (wie z. B. Wohnen oder Gesundheitsfürsorge) mit Zuschüssen des Staates billig gehalten wurden, setzte der Staat die Preise für andere Güter sehr hoch an (z. B. für Autos). Der Vorrang der Schwer- vor der Konsumgüterindustrie, die wuchernde und ineffektive Planbürokratie, die unbrauchbare Festsetzung der Preise und die Entmündigung des Einzelnen führten zum Zusammenbruch der Zentralverwaltungswirtschaft (↗ Kapitalismus, S. 50; ↗ Soziale Marktwirtschaft, S. 57).

Lern-Check: Teste dein Wissen!

Kapitel „Wirtschaft und Arbeitswelt“	O.K. ✓	Das muss ich noch mal lesen
Ich kann darlegen, was eine Aktie ist, und erklären, welche Rechte ein Besitzer von Aktien hat.		S. 44
Ich kann zusammenfassen, was an Waren- und Wertpapierbörsen gehandelt wird.		S. 45
Ich kann einige Dienstleistungsberufe benennen.		S. 46
Ich kann mehrere Gewerkschaften aufzählen, ihre Ziele und die Mittel darstellen, die sie zur Durchsetzung ihrer Interessen einsetzen können.		S. 47, 58–60
Ich kann das Modell des Kapitalismus bzw. der Marktwirtschaft erklären, es mit dem Modell der Sozialen Marktwirtschaft vergleichen und begründen, welche Wirtschaftsform ich für die bessere halte.		S. 50, 51, 57
Ich kann die vier Phasen der Konjunktur benennen und beschreiben.		S. 51, 52
Ich kann mehrere Kritikpunkte am Neoliberalismus erläutern.		S. 55
Ich kann wiedergeben, was eine Schlichtung ist.		S. 56
Ich kann den Unterschied zwischen Steuern und Gebühren bestimmen.		S. 57, 58
Ich kann erklären, warum der Sektor der Dienstleistungsberufe immer wichtiger geworden ist.		S. 58, 59
Ich kann die Vor- und Nachteile der Vergabe von Subventionen durch den Staat gegeneinander abwägen.		S. 59

Gesellschaft und Staat

AUSSIEDLER sind Menschen deutscher Herkunft, die seit etwa 1952 – nach dem Ende der Vertreibungen der Deutschen aus den osteuropäischen und südosteuropäischen Ländern – nach Deutschland übersiedeln. Seit 1990 müssen sie von dem Land aus, in dem sie leben, einen Antrag auf Aufnahme in die Bundesrepublik stellen. Für die Anerkennung als Aussiedler müssen sie ihre deutsche Abstammung belegen und glaubhaft machen, sich als Deutsche verhalten zu haben, etwa in der Kultur und Sprache, deren Beherrschung seit dem Jahr 1987 in einem Test überprüft wird.

BEHINDERTE Als behindert gelten Menschen dann, wenn sie durch eine angeborene oder erworbene (z. B. durch einen Unfall) Beeinträchtigung nur eingeschränkt am „normalen“ Leben teilnehmen können. Man unterscheidet Körper- bzw. Sprachbehinderungen, seelische, geistige und soziale Behinderungen, die sich z. B. in Lernschwierigkeiten und Verhaltensauffälligkeiten zeigen. Behinderungen gibt es in unterschiedlichen Graden; als Schwerbehinderte gelten Personen, bei denen der Grad der Behinderung mindestens 50 % ausmacht.

BUNDESWEHR ist die Bezeichnung für die Streitkräfte der Bundesrepublik, gegliedert in Marine, Luftwaffe und Heer. Die Angehörigen der Bundeswehr sind entweder Wehrpflichtige, freiwillig länger dienende Wehrpflichtige, Soldaten auf Zeit oder Soldaten auf Lebenszeit (Berufssoldaten). Die Verweigerung des Wehrdienstes ist möglich (↗ Kriegsdienstverweigerung, S. 19). Die Bundeswehr unterliegt der Gesetzgebung des Bundestages. Im Frieden ist der Verteidigungsminister, im

Kriegsfall der Bundeskanzler Oberbefehlshaber. Die Bundeswehr ist seit ihrer Gründung im Jahre 1955 der NATO (↗ S. 93) unterstellt, sie diente der Landesverteidigung. Seit 1991 wurden die Aufgaben der Bundeswehr erweitert: Sie beteiligt sich auch an militärischen Operationen der Europäischen Union (EU) und der Vereinten Nationen (UNO).

Die Bundeswehr verfügt über „Krisenreaktionskräfte", das sind ständig einsatzbereite Truppenteile für internationale Friedensmissionen. Und sie besitzt „Hauptverteidigungsstreitkräfte", das sind die Truppen zur Landesverteidigung. Im Inneren, das heißt auf dem Gebiet der Bundesrepublik, darf die Bundeswehr nur im Fall eines außergewöhnlichen Notstandes eingesetzt werden (z. B. bei Naturkatastrophen, wie die Überschwemmungen im Oderbruch im Jahre 2002).

Im Jahr 2010 soll die Friedensstärke der Bundeswehr 250.000 Soldaten umfassen. Davon sollen 20 Prozent Wehrpflichtige sein, deren Wehrpflicht neun Monate dauert. Im Jahre 2009 sind 14.500 Soldatinnen als Freiwillige bei der Bundeswehr. Seit 2004 befanden sich Einheiten der Bundeswehr mit mehr als 7.000 Soldaten in diesen Einsatzgebieten: Kosovo, Bosnien-Herzegowina, Mittelmeer, Äthiopien/Eritrea, Horn von Afrika, Georgien, Afghanistan/Usbekistan, seit 2004 im Sudan, vor der Küste Libanons, seit 2008 vor der Küste Somalias zum Schutz von Hilfslieferungen und seit 2009 zur Bekämpfung der Piraterie.

■ **DROGEN** (Rauschgifte, Tabletten) und **Suchtmittel** (Alkohol, Nikotin) führen zu Abhängigkeit. Die dauernde Vergiftung des Körpers hat zudem eine Verwandlung der Persönlichkeit zur Folge. Gründe für den Konsum von Drogen und Suchtmitteln können Protesthaltung den Erwachsenen gegenüber, Flucht aus Problem- und Stresssituationen oder auch der Kampf um Anerkennung sein. Nicht immer ist die Sucht durch eine Entziehungskur (Therapie) heilbar. Wichtiger als die Therapie ist die Vorbeugung (Prävention), damit eine Suchtkarriere erst gar nicht beginnt.

EINWANDERUNG Viele Jahre wehrten sich in Deutschland große Teile der Bevölkerung und viele Politiker dagegen, dass Deutschland Einwanderungsland wird. Die Überalterung der deutschen Bevölkerung, zu wenige Kinder und zu wenig Fachkräfte für die Wirtschaft im mittleren Alter, haben die Parteien zu einem Kompromiss gezwungen. Ziel der Zuwanderungspolitik ist es unter anderem, das Rentensystem durch die Einwanderung Jüngerer und beruflich Qualifizierter zu entlasten. Auch soll die **Zuwanderung** nach den Bedürfnissen des Arbeitsmarktes gesteuert werden. Nicht-EU-Ausländer dürfen nur dann in Deutschland bleiben, wenn für den freien Arbeitsplatz weder ein Deutscher noch ein EU-Ausländer zur Verfügung steht. Wenn von Ausländern schwere Straftaten begangen werden oder Gefahr von ihnen ausgeht (z. B. als islamistische „Hassprediger"), können sie abgeschoben werden.

EMANZIPATION meint die Befreiung aus einem Abhängigkeitsverhältnis zu Selbstständigkeit und Mündigkeit. Als Emanzipation bezeichnet man z. B.

- das Heranwachsen und Selbstständigwerden der Kinder und Jugendlichen.
- das Bemühen um Gleichberechtigung benachteiligter Gruppen, z. B. die „Judenemanzipation" oder die „Emanzipation der Arbeiterschaft".
- die Emanzipation der Frauen: Zwar haben die Frauen heute die rechtliche Gleichstellung erreicht, ihre volle Integration in das politische, wirtschaftliche, soziale und kulturelle Leben ist aber noch nicht Wirklichkeit (z. B. geringe Vertretung in den Parlamenten, Führungspositionen in allen Berufsgruppen, Benachteiligung bei der Entlohnung).

FAMILIENPOLITIK Der Staat fördert die Familien mit der Familienpolitik. Das Interesse des Staates ist es, dass Ehepaare Kinder bekommen und die wichtige Aufgabe der Kindererziehung erfüllen. Maßnahmen der Familienpolitik sind: Mutterschutz, Ausbezahlung von Kindergeld, Steuererleichterungen für Familien, Bau und Unterhalt von Kindergärten und Betreuungseinrichtungen, Erziehungsurlaub und -geld, Förderung des Wohnungseigentums für Familien, Ausbildungsbeihilfen für Kinder aus einkommensschwachen Familien und anderes.

■ **FEMINISMUS** Feministinnen verlangen die grundsätzliche und tatsächliche Gleichberechtigung der Geschlechter in allen Lebensbereichen, nicht zuletzt auch bei der Verteilung der Arbeit in Haushalt und Familie. Eine radikale Gruppe von Feministinnen betont die Ungleichheit von Mann und Frau in ihren Wesenszügen und behauptet die Höherwertigkeit der Frau über den Mann. Die Mehrheit fordert eine Verbesserung der individuellen Berufschancen für Frauen; in dieser Gruppe wird sehr kontrovers über die Rolle und das Selbstverständnis von Müttern und „Nur-Hausfrauen" diskutiert. Durch den Feminismus wurden Themen wie Gewalt gegen Frauen, sexuelle Selbstbestimmung, Abtreibung, Sichtbarmachung von Frauen in der Sprache, Pornografie in die öffentliche Diskussion eingebracht.

■ **FLÜCHTLINGE** sind nach der Genfer Konvention (↗ S. 89) Personen, die aus begründeter Furcht vor Verfolgung aus ethnischen (z. B., weil sie einer Minderheit angehören), politischen (z. B., weil sie sich für die Menschenrechte eingesetzt haben) oder religiösen (z. B., weil sie einer verfolgten religiösen Minderheit angehören) Gründen ihren Heimatstaat verlassen haben.

Neben den Asylbewerbern (↗ Asyl, S. 31) gibt es weitere Gruppen von Flüchtlingen: Im Ausländergesetz ist seit 1993 der Aufenthalt von **Kriegs- und Bürgerkriegsflüchtlingen** gesondert geregelt. Sie dürfen sich so lange in der Bundesrepublik aufhalten, wie die Lage in ihrem Heimatland von der Bundesregierung als lebensbedrohlich eingeschätzt wird. Damit haben sie einen ähnlichen Status wie die **De-facto-Flüchtlinge**, die zwar nicht – wie die Asylanten – als politische Flüchtlinge anerkannt werden, aber nach der Genfer Flüchtlingskonvention nicht abgeschoben werden können. Schließlich gibt es noch die **Kontingentflüchtlinge**. Diese Flüchtlinge werden aus humanitären Gründen auf Beschluss der Bundesregierung in einer bestimmten Zahl (Kontingent) aufgenommen.

■ **FRAUENQUOTE** Mit der Quotenregelung für Frauen verfolgt man das Ziel, nicht nur der rechtlichen, sondern auch der tatsächlichen Gleichstellung der Frauen näherzukommen, indem ein bestimmter Anteil (Quote) an Stellen im Berufsleben und in politischen Ämtern mit Frauen besetzt werden soll. Besonders auffallend ist der geringe Anteil von Frauen in den Führungspositionen aller Berufsgruppen.

Frauenbeauftragte haben die Aufgabe, die Benachteiligung von Frauen im öffentlichen Leben aufzudecken und für deren Beseitigung zu sorgen. Die Frauenbeauftragten sind meistens in Gleichstellungsstellen bei den Gemeinden, auf allen staatlichen Ebenen oder bei öffentlichen Arbeitgebern (z. B. Universitäten), aber auch in privaten Betrieben eingesetzt.

■ **FREIWILLIGES SOZIALES JAHR** Junge Menschen im Alter zwischen 17 und 27 Jahren können freiwillig mindestens 6 Monate und höchstens 18 Monate, als Ersatz für den Zivildienst mindestens 11 Monate ihren freiwilligen sozialen Dienst in der Altenhilfe, in Kinderheimen und Tagesstätten, in Krankenhäusern und in Einrichtungen für Behinderte, im Bereich des Sports und in vielen anderen Einrichtungen ableisten. Die Helferinnen und Helfer erhalten Unterkunft, Taschengeld und Verpflegung. Die meisten Jugendlichen leisten das **FSJ** direkt nach der Schulzeit ab (↗ Freiwilliges Ökologisches Jahr, S. 119).

■ **GESELLSCHAFT** Die Gesellschaft entsteht aus dem Zusammenleben und Zusammenwirken der Menschen. Der Einzelne und die Gesellschaft beeinflussen sich gegenseitig. Der Einzelne wächst über die Familie und weitere Gruppen in die

Gesellschaft hinein, er erhält von ihr Orientierung und seinem Verhalten und Handeln wird von ihr Bedeutung zugemessen (Anerkennung, Ent- und Belohnung, Ansehen, Status, Bestrafung, Missachtung, Isolation).
Zwei Prozesse prägen den Einzelnen und die Gesellschaft am stärksten: Die Arbeits- und Berufswelt, die die Grundlage für die Existenzsicherung des Einzelnen und der Gesellschaft bildet, und die Kultur, mit deren Hilfe Leitbilder, Werte, Zusammengehörigkeits- und Gemeinschaftsgefühle, Verhaltensregeln und Handlungsnormen überliefert, immer neu überprüft und an neue Anforderungen angepasst werden.

■ **GLEICHHEIT** soll es als Rechtsgleichheit, d. h., dass alle Bürger vor dem Gesetz gleich sind (Art. 3 GG), und als Chancengleichheit, d.h., dass alle Bürger die gleichen Startchancen zur Verwirklichung ihrer Freiheit haben, geben. Das Verfassungsziel „Freiheit" ist höher als das Verfassungsziel „Gleichheit" bewertet. Das Ziel der sozialen Gleichheit („Jeder nach seinen Fähigkeiten, jedem nach seinen Bedürfnissen") wurde in der kommunistischen Ideologie als Ziel angestrebt (↗ Freiheit, S. 16).

■ **HARTZ-GESETZE** Mit diesen Gesetzen soll der Arbeitsmarkt reformiert werden. Ziel ist es, die Anzahl der Arbeitslosen zu senken und die Zahl der Beschäftigten anzuheben.
Mit Hartz I und Hartz II soll die Vermittlung von Arbeitslosen verbessert werden. Über Personal-Service-Agenturen werden Arbeitslose als Leiharbeiter vermittelt und mit Bildungsgutscheinen wird eine Weiterqualifizierung ermöglicht. Wenn ältere Arbeitslose eingestellt werden, erhalten ihre Arbeitgeber Zuschüsse und kleinen und mittleren Betrieben werden zinsverbilligte Kredite gewährt, falls sie Arbeitslose einstellen. Die Mini-Jobs werden neu geregelt und „Ich AGs" sollen Arbeitslose in die Selbstständigkeit führen.
Mit Hartz III und Hartz IV wird der Umbau der Bundesanstalt für Arbeit und die Zusammenlegung der Arbeitslosenhilfe mit

der Sozialhilfe geregelt. Im Arbeitslosengeld II werden ab Januar 2005 die bisherige Arbeitslosenhilfe (die ausbezahlt wurde, nachdem der Anspruch auf Arbeitslosengeld abgelaufen war) und die Sozialhilfe zusammengelegt. Ab Januar 2005 wird die „Zumutbarkeit" für Langzeitarbeitslose verschärft, denn sie müssen jeden Job annehmen. Vorhandenes Vermögen wird oberhalb bestimmter Freigrenzen auf das Arbeitslosengeld II angerechnet. Neben den bisherigen Arbeitsämtern, die zu Jobcenter werden, können auch die Kommunen Arbeit vermitteln.

■ **INDUSTRIEGESELLSCHAFT** Durch die Industrialisierung im 19. Jahrhundert hat sich die Gesellschaft (↗ S. 67) stark gewandelt. Die Menschen haben nicht mehr einen festen Platz in der Gesellschaft, der ihnen durch ihre Standeszugehörigkeit (Adel, Bürgertum, Bauern) zugewiesen worden war, sondern der Einzelne findet seinen Platz durch ein Bündel von Faktoren. Die Gesellschaft ist auch nicht mehr starr gegliedert, sondern durch die vertikale und horizontale Mobilität (↗ S. 70) der Menschen gekennzeichnet. Beruf, Einkommen, Bildung, Besitz und soziale Rollen außerhalb der Berufswelt (in der Familie, im Verein, in der Kirche, in der Partei u. a.) machen den Status eines Menschen in der modernen Gesellschaft aus. Da der Ab- und Aufstieg von der Leistung des Einzelnen abhängen, spricht man auch von **Leistungsgesellschaft, offener Gesellschaft** oder **mobiler Gesellschaft**. Die tatsächliche **Chancengleichheit** ist aber insofern eingeschränkt, als durch die Zugehörigkeit zu einer bestimmten Gruppe oder Schicht (↗ S. 72) Erziehungs- und Bildungsmängel bestehen, die den sozialen Aufstieg behindern.

■ **INTEGRATION** gibt es zum einen zwischen Staaten und zum anderen innerhalb eines Staates. Integration zwischen Staaten ergibt sich aus dem Zusammenwachsen von mehreren Staaten zu überstaatlichen Organisationen wie Europäische Union (↗ S. 104) und NATO (↗ S. 93), an die die einzelnen Staaten Rechte abtreten (Souveränitätsverzicht). Die innerstaatliche Integration bezieht sich darauf, dass die Bevölkerung eines Staates gemeinsame Grundwerte und allgemeine Regeln zur Konfliktbewältigung akzeptiert. Einwanderern (↗ S. 65) werden in der Bundesrepublik Integrationskurse angeboten, Spätaussiedler (↗ Aussiedler, S. 63) müssen vor ihrer Auswanderung deutsche Sprachkenntnisse nachweisen.

■ **KINDER- UND JUGENDHILFE** Unter diesen Sammelbegriff fallen alle Maßnahmen, die jungen Menschen bei ihrer Entwicklung zu eigenverantwortlichen und gemeinschaftsfähigen Persönlichkeiten helfen sollen. Diese sind 1991 im Kinder- und Jugendhilfegesetz neu gefasst worden. In erster Linie geht es darum, Familien bei ihren Erziehungsaufgaben zu unterstützen, wenn sie Probleme haben. Die Kinder- und Jugendhilfe bietet ihre Unterstützung an, wenn es Konflikte zwischen Eltern und Jugendlichen gibt, wenn ein Elternteil ausfällt oder wenn sich Eltern trennen. Wenn Eltern nicht willens oder in der Lage sind, ihren Aufgaben nachzukommen, kann die Kinder- und Jugendhilfe die Kinder in Pflegefamilien und Heimen unterbringen. Im Kinder- und Jugendhilfegesetz ist auch geregelt, dass jedes Kind ab dem dritten Lebensjahr einen Anspruch auf einen Kindergartenplatz hat.

■ **MINDERHEITEN** sind Gruppen von Menschen, die sich freiwillig oder gezwungen von der Mehrheit der Bevölkerung unterscheiden, z. B. durch ihre Religion, Sprache, Zugehörigkeit zu einem anderen Volk (z. B. Ungarn in der Slowakei), kulturelle Besonderheiten und anderes. Minderheiten werden häufig diskriminiert, d. h. benachteiligt, behindert und verachtet, obwohl in vielen Staaten Minderheiten durch Gesetze besonders geschützt sind.

■ **MOBILITÄT** Der Ausdruck stammt aus dem Lateinischen und bedeutet Beweglichkeit. Damit sind sowohl Wechsel des Wohnsitzes (Umzüge, Ein- und Auswanderungen) als auch

Auf- und Abstiege in Berufen und Wechsel zwischen verschiedenen Berufen gemeint.
Man unterscheidet zwischen horizontaler und vertikaler Mobilität. **Horizontale Mobilität** ist der Wechsel zwischen gleichrangigen Berufstätigkeiten (z. B.: Ein Filialleiter wechselt von einer Sparkasse in Hamburg nach München, wo er weiter als Filialleiter tätig ist). **Vertikale Mobilität** ist der soziale Auf- und Abstieg (vom Banklehrling zum Bankpräsidenten). Eine hohe Mobilität, die freiwillig oder auch erzwungen sein kann, ist ein Merkmal der modernen Industriegesellschaft (↗ S. 69).

■ **MUTTERSCHUTZ** Berufstätige Frauen sind als Arbeitnehmerinnen durch das Mutterschutzgesetz während ihrer Schwangerschaft und nach der Entbindung vor Gefahren für sich und das Kind und vor Einkommensverlusten geschützt. Sie brauchen keine schweren körperlichen Arbeiten durchzuführen. Die gesetzlichen Mutterschutzfristen mit einer vollständigen Freistellung von der Arbeit betragen sechs Wochen vor und acht Wochen nach der Geburt.
Von Beginn der Schwangerschaft an bis zum Ende des Erziehungsurlaubs ist eine Kündigung durch den Arbeitgeber grundsätzlich verboten.

■ **NORM** Eine Norm ist eine Regel; sie ist ein Maßstab dafür, ob ein Verhalten als „gut“ oder „schlecht“, als „annehmbar“ oder „unannehmbar“ gilt. Die Normen des Rechts zeigen, ob ein Verhalten legal oder illegal, gesetzlich oder ungesetzlich, ist. Davon zu unterscheiden sind die gesellschaftlichen Normen. Sie regeln, was man tun kann und was nicht, egal, was die Rechtsnormen dazu sagen. Man soll z. B. höflich sein, angemessen gekleidet sein, sich bei Tisch anständig benehmen und vieles mehr.

■ **RASSISMUS** ist eine Weltanschauung, die behauptet, dass die Menschen nicht gleich seien. Rassisten teilen die Menschen nach biologischen und physischen Merkmalen in verschiedene Rassen (Europide, Mongolide, Negride und andere) ein und leiten aus dieser Verschiedenheit eine intellektuelle, kulturelle und psychische Über- und Unterlegenheit der Rassen ab. Diese Anschauung führt zur Benachteiligung, Unterdrückung oder sogar Verfolgung der für minderwertig erachteten Menschen. Ein besonders bedrückendes Beispiel ist der **Nationalsozialismus**, der die für minderwertig erachteten Menschengruppen (Juden, Sinti und Roma und andere) ausrotten wollte.

■ **REFORM** Reformpolitik reagiert auf den Wandel wirtschaftlicher, sozialer und politischer Verhältnisse. Mit einer Reform wird angestrebt, die Nachteile bisher geltender Regelungen zu verbessern und schnelle und radikale Veränderungen zu vermeiden. Politische Reformmaßnahmen sind immer Kompromisse zwischen sich widerstreitenden Interessen (z. B. bei der Reform der Krankenversicherung zwischen Ärzten, Apothekern, Pharma-Industrie, Beitragszahlern u. a.). Im Jahr 2004 war neben den Reformen der Sozialversicherungen (↗ S. 74) die Reform des Arbeitsmarktes (↗ Hartz-Gesetze, S. 68) ein wichtiges Thema der Innenpolitik (↗ Strukturwandel, S. 58).

■ **SCHICHT** Die Bevölkerung kann in soziale Schichten eingeteilt werden. Eine grobe Einteilung in eine Ober-, Mittel- und Unterschicht kann nach der unterschiedlichen Einkommenshöhe, der Berufstätigkeit und nach dem Bildungsabschluss getroffen werden (↗ Grafik S. 73). Da die moderne Industriegesellschaft (↗ S. 69) sich sozial sehr vielfältig darstellt, ist eine Grenzziehung zwischen den einzelnen Schichten nicht möglich.

■ **SEKUNDÄRTUGENDEN** Im Unterschied zu den religiösen oder ethischen Tugenden Glaube, Liebe, Hoffnung oder Besonnenheit, Gerechtigkeit, Weisheit handelt es sich bei den Sekundärtugenden um lebenspraktische, nützliche Grundhaltungen wie Fleiß, Ordnung, Pünktlichkeit etc. Die Sekundärtugenden waren in letzter Zeit umstritten, weil mit ihrer Praktizie-

SCHICHT	% Anteil an der Bevölkerung
Oberschicht ■ (z. B. Spitzen in Politik und Wirtschaft, Bischöfe, hohe Offiziere, Eigentümer von Fabriken)	1
Mittelschicht ■ obere Mittelschicht (z. B. Großkaufleute, Ärztinnen und Ärzte, Rechtsanwälte/Rechtsanwältinnen) ■ untere Mittelschicht (z. B. mittlere und untere Beamte, Angestellte, die meisten Kaufleute und Landwirte)	44
Unterschicht ■ obere Unterschicht (z. B. Facharbeiterinnen/Facharbeiter, Angelernte) ■ untere Unterschicht (z. B. ungelernte Arbeiter und Arbeiterinnen)	45

Schichtmodell nach R. Lautmann

rung allein noch keinem Zweck gedient ist, denn sie können auch Verbrechern nützlich sein. Inzwischen hat man erkannt, dass sie als Mittel zur Erreichung aller Lebensziele unverzichtbar sind.

■ **SOZIALHILFE** Die Sozialhilfe bekommt jeder, der seinen Lebensunterhalt nicht aus eigener Kraft bestreiten kann. Sie wird aber erst gewährt, wenn eigenes Einkommen, die Hilfe durch Familienangehörige oder die eigene Arbeitskraft nicht zum eigenen Lebensunterhalt beitragen können. Die Sozialhilfe muss beim Sozialamt beantragt werden; es gibt sie als laufende Hilfe zum Lebensunterhalt (z. B. für Ernährung, Kleidung, Wohnen) oder als Hilfe in besonderen Lebenslagen, etwa bei Behinderung oder Krankheit (↗ Hartz-Gesetze, S. 68).

■ **SOZIALISATION** ist ein lebenslanger Prozess der Anpassung des Einzelnen an seine soziale Umgebung und deren Normen (↗ S. 71) und Verhaltensweisen. Der Erwerb der gewünschten Eigenschaften und Verhaltensweisen wird in vielen Formen des Lobes und der Anerkennung verstärkt, die Verweigerung der Anpassung wird mit vielen Formen der Missbilligung und Bestrafung (bis zum Strafrecht) geahndet. Erste Instanz der Sozialisation sind die Eltern, dann folgen Kindergarten, Schule, Freunde, Berufskollegen und vieles andere.

■ **SOZIALVERSICHERUNG** Die staatlichen Sozialversicherungen dienen dem Zweck, vor Notlagen, die früher zur Verarmung führten, zu schützen und ein menschenwürdiges Leben zu ermöglichen. Fast alle Arbeitnehmerinnen und Arbeitnehmer sind in der Sozialversicherung zwangsweise versichert. Die Finanzierung der Kranken- und Arbeitslosenversicherung erfolgt jeweils zur Hälfte durch Beiträge der Versicherten und ihrer Arbeitgeber, sie werden also „paritätisch" getragen, dazu kommen noch staatliche Zuschüsse. Die Beiträge zur Unfallversicherung werden allein vom Arbeitgeber, zur Pflegeversicherung allein vom Arbeitnehmer bezahlt. Die Höhe der Beiträge richtet sich nach der Höhe der Einkommen, die Leistungen werden zum Teil unabhängig von der Beitragshöhe gewährt.
Rentenversicherung: Sie funktioniert noch nach dem sogenannten Generationenvertrag. Wer heute arbeitet, versorgt mit seinen Beiträgen die ältere Generation und erwirbt zugleich den Anspruch, selbst im Alter von der nachwachsenden Generation mit einer Rente abgesichert zu werden. Dieses Modell der Rentensicherung stößt an seine Grenzen, da einer immer größer werdenden Anzahl von Rentnern eine immer kleiner werdende Anzahl von Beitragszahlern gegenübersteht. Ursachen sind die Überalterung der Bevölkerung (↗ Bevölkerungsentwicklung, S. 126) und die dauernd hohe Arbeitslosigkeit in der BRD.
Unfallversicherung: Alle Arbeitnehmer und Auszubildenden sind über die Haftpflichtversicherung der Arbeitgeber beitragsfrei versichert. Die Unfallversicherung deckt Unfälle auf dem Weg zwischen Wohnung und Arbeitsplatz, am Arbeitsplatz und die Folgen einer berufsbedingten Krankheit ab.

Arbeitslosenversicherung: Wer in den letzten drei Jahren mindestens ein Jahr lang eine beitragspflichtige Beschäftigung hatte, bekommt im Fall der Arbeitslosigkeit Arbeitslosengeld. Arbeitslose müssen sich beim Arbeitsamt melden und für die Vermittlung in ein neues Arbeitsverhältnis bereitstehen. Die Höhe des Arbeitslosengeldes beträgt etwa 60 Prozent des letzten Lohnes. Die Dauer des Bezugs hängt vom Lebensalter und der ununterbrochenen Dauer der versicherungspflichtigen Beschäftigung ab. Seit Januar 2005 sind Arbeitslosenhilfe und Sozialhilfe zum Arbeitslosengeld II zusammengelegt.
Pflegeversicherung: Sie wurde eingeführt, weil es eine größer werdende Anzahl pflegebedürftiger Menschen gibt. Die Plätze in Alten- und Pflegeheimen sind nicht ausreichend und sehr teuer. So wird unterschieden zwischen häuslicher (ambulanter) Pflege und der Pflege in einem Heim oder Krankenhaus. Die Versorgung zu Hause genießt Vorrang. Insgesamt machen die Beiträge zu den Sozialversicherungen fast die Hälfte des Brutto-Einkommens der Arbeitnehmer aus. Besonders die Arbeitgeber verlangen eine Reform der Sozialgesetze. Sie argumentieren, dass die hohen Lohnnebenkosten (↗ S. 53) den Abbau oder die Verlagerung von Arbeitsplätzen ins Ausland beschleunigen und zur Zunahme der Schwarzarbeit führen würden. Weil so die Anzahl der Beitragszahler sinkt, verschärft durch die Arbeitslosigkeit und die Überalterung der Gesellschaft, wird die Finanzierung der Sozialversicherungen immer schwieriger.

■ **TOLERANZ** zeigt sich in der bewussten Akzeptanz anderer Meinungen und Verhaltensweisen, sie ist nicht Gleichgültigkeit. Sie verlangt die Achtung vor der Selbstbestimmung anderer Menschen und ihrer Freiheitsrechte („Freiheit ist immer die Freiheit des anders Denkenden“) und ist eine unverzichtbare Voraussetzung der Demokratie. Sie ist auch die Bedingung für das friedliche Austragen von Konflikten in einer Gesellschaft, findet aber ihre Grenzen gegenüber jenen, die ihrerseits nicht bereit sind, Toleranz auszuüben (↗ Pluralismus, S. 24).

Lern-Check: Teste dein Wissen!

Kapitel „Gesellschaft und Staat"	O. K. ✔	Das muss ich noch mal lesen
Ich kann mehrere Gründe aufzählen, die Menschen zur Flucht veranlassen, und darlegen, mit welchem Status sie, je nach Fluchtgrund, in der BRD aufgenommen werden.		S. 66, 67
Ich kann beschreiben, wie die Gesellschaft und der Einzelne sich gegenseitig beeinflussen.		S. 67, 68
Ich kann das Ideal der Gleichheit in seinen verschiedenen Bedeutungen darlegen.		S. 68
Ich kann Merkmale der Industriegesellschaft erklären und das Ideal der Chancengleichheit kritisch würdigen.		S. 69
Ich kann darlegen, wodurch der Status eines Menschen in der Gesellschaft bestimmt wird.		S. 72, 73
Ich kann beschreiben, was Normen sind, und dies mithilfe mehrerer Beispiele verdeutlichen.		S. 71
Ich kann wiedergeben, was Rassismus ist, und begründen, warum dieser gegen die Menschenrechte verstößt.		S. 71, 72
Ich kann mithilfe mehrerer Merkmale begründen, warum Menschen in unserer Gesellschaft verschiedenen Schichten angehören und dies an Beispielen veranschaulichen.		S. 72, 73
Ich kann beschreiben, wie die Sozialisation eines Menschen verläuft.		S. 73, 74
Ich kann die Grundzüge der Renten-, Unfall-, Arbeitslosen- und Pflegeversicherung zusammenfassen.		S. 74, 75

Medien

BOULEVARDPRESSE Dazu gehören vor allem Tageszeitungen, die hauptsächlich an Kiosken vertrieben werden (im Gegensatz zur Abonnementzeitung, die privat zugestellt wird). Diese Kaufzeitungen sind sensationell aufgemacht und werden in hohen Auflagen und daher billig gedruckt. Das Wort „Boulevard“ im Zusammenhang mit Medien wird oft in abwertendem Sinne gebraucht, da häufig die Sensation, die Unterhaltung und der Appell an die Gefühle Vorrang vor der sachlichen Auseinandersetzung haben.

DEMOSKOPIE In der Meinungsforschung wird eine kleine Zahl (etwa 1.000 bis 3.000) von ausgewählten Personen, die nach Möglichkeit den Durchschnitt der Gesamtbevölkerung nach Geschlecht, Alter, Beruf, Einkommen usw. repräsentieren sollen, zu verschiedenen Themen befragt. Die Befragung erfolgt mithilfe eines Fragebogens oder mithilfe computergestützter Telefonate. Themen der Demoskopie sind Voraussagen von Wahlergebnissen oder die Ermittlung der Beliebtheit von Politikern oder der Meinung der Bevölkerung zu politischen Themen. Auf dem Gebiet der Marktforschung wird die Beurteilung von Produkten und der Erfolg von Werbung ermittelt sowie nach Marktlücken geforscht. Auftraggeber sind Regierungen, Parteien oder Unternehmen.

INFORMATION Eine Information ist eine Nachricht oder eine Auskunft. Informationen sind die Grundlage für Entscheidungen, z. B. für die Beantwortung der Frage, ob die Müllverbrennungsanlage gebaut wird oder nicht. Deshalb werden Informationen gesammelt, nach Gesichtspunkten geordnet, nach ihrer Bedeutung gewichtet und bewertet. Informationen beinhalten unterschiedliche Aussagen: Sie gründen auf Tatsachen (z.B. Angaben zur Müllmenge der letzten 10 Jahre), sie können zukünftige Entwicklungen betreffen (z.B. Angaben über die in den kommenden Jahrzehnten wahrscheinlich anfallenden Müllmengen) und sie können wertend sein (z.B., ob die Anlage gutzuheißen ist oder nicht, ob die Emissionen aus der Anlage als gesundheitsgefährdend einzustufen sind oder nicht). Da die Verwendung von Informationen zu Entscheidungen mit weitreichenden Folgen führen kann, müssen sie so genau, klar, eindeutig und aktuell wie möglich sein.

■ **INFORMATIONSGESELLSCHAFT** Die modernen Techniken zur Information und Kommunikation (dies bedeutet *Mitteilung, Unterredung*) der Menschen untereinander (Fernsehen, Video, Computer, Internet, Telefon, Multimedia) werden nach Meinung vieler Fachleute eine wachsende Bedeutung für die zukünftige politische, gesellschaftliche und wirtschaftliche Entwicklung haben. Sie bieten den Nutzenden innerhalb kürzester Zeit eine ungeheure Menge an Wissen und Informationen aus der ganzen Welt und allen Lebensbereichen.

■ **KOMMENTAR** ist ein Meinungsbeitrag in Presse, Hörfunk, Fernsehen und anderen Medien. In einem Kommentar wird die persönliche Meinung, Analyse, Wertung und das Urteil des Kommentators bzw. der Kommentatorin zu einem Sachverhalt, Ereignis und einer Entwicklung abgegeben.

■ **KOMMUNIKATION** ist Austausch von Informationen zwischen Partnern über ein „Zeichensystem“. Das können Symbole (z.B. eine rote Ampel, ein Verkehrszeichen), eine Schrift (das Alphabet) oder die gesprochene Sprache, aber auch Bilder aller Art (z.B. Werbeplakate, Fotos, Stadtpläne, Karikaturen, Filme) sein. Man unterscheidet drei Arten von Kommunikation voneinander:

1. Die **intrapersonale Kommunikation** bezeichnet den inneren Vorgang in einem Menschen, der sich mit Informationen aus der Umwelt auseinandersetzt, z. B. beim Betrachten eines Fotos eines verhungernden Kindes; die Schülerin, die ihrer Lehrerin zuhört; der junge Mann, der einen Liebesbrief liest; die Autofahrerin, die sich an den Verkehrszeichen orientiert; der Zeitungsleser.
2. Die **interpersonale Kommunikation** zwischen zwei oder mehreren Einzelpersonen, z. B. Unterrichtsgespräch in der Lerngruppe; Diskussion in der Familie.
3. Die **mediengebundene Kommunikation** zwischen den Medienproduzenten (z. B. zwischen den Journalisten oder den Funk-, Fernseh- und Filmproduzenten) und den Medienkonsumenten (Leser-, Hörerschaft oder Zuschauer). Die Medienkommunikation wird auch als **Massenkommunikation** bezeichnet, weil die Medienkonsumenten immer eine große Gruppe sind.

Beim **Kommunikationsprozess** werden vier Bestandteile voneinander unterschieden:
1. *der Sender*, die Informationsquelle: Zeitung, Fernsehen, die unterrichtende Lehrerin, der Autor etc.
2. *die Information*, die zu übermittelnde Botschaft
3. *das Medium* der Kommunikation (Zeitung, Buch, Film, Telefongespräch, Internet)
4. *der Empfänger* (Rezipient): die Hörer- oder Leserschaft, das Publikum, die User.

In allen Phasen der Kommunikation können Störungen auftreten, die dazu führen, dass die Kommunikation misslingt. Eine Voraussetzung für gelingende Kommunikation ist, dass über das verwendete „Zeichensystem" Einigkeit besteht.

■ **KORRESPONDENT** Der Korrespondent ist Mitarbeiter der Nachrichtenagenturen (↗ S. 82), der Presse, des Rundfunks und Fernsehens, der außerhalb der Hauptredaktion (↗ Redaktion, S. 83) und des Medienstandortes tätig ist. *Ständige* Korrespondenten berichten insbesondere aus ausländischen

Hauptstädten (Auslandskorrespondenten) oder über bestimmte Sachgebiete (wie z.B. außenpolitischer Korrespondent, Wirtschafts- oder Kulturkorrespondent). *Sonderkorrespondenten* werden zu bestimmten Ereignissen (wie z.B. Gipfelkonferenzen, Kriegsschauplätzen, Filmfestwochen) geschickt.

■ **MANIPULATION** bedeutet die Beeinflussung, die Steuerung der Meinungsbildung oder der politischen Entscheidungsfindung, ohne dass die Manipulation dem Betroffenen bewusst wird. Manipuliert werden kann beispielsweise mit unvollständigen Informationen, mit der Vermischung von Information und Meinung sowie Wertung, Kameraeinstellungen, Schnitt- und Montagetechniken.

■ **MASSENMEDIEN** ist der Sammelbegriff für alle Kommunikationsmittel, die eine große Zahl von Menschen erreichen können. Zu ihnen zählen Presse (Zeitungen, Zeitschriften, Bücher), Hörfunk (Radio), Tonträger (Schallplatten, Tonbänder, Compact Discs), Film, Video, Fernsehen und Internet. Letztere haben wegen ihrer Kombination von Bild und Ton die größte Breitenwirkung. Massenmedien sind für die meisten Menschen die erste Informationsquelle. Zeitung und Fernsehen erreichen den größten Teil der Bevölkerung; deshalb kommt ihnen eine hohe politische Bedeutung zu. In der Sozialisation (↗ S.73) des Einzelnen haben die Massenmedien neben den Eltern und der Bezugsgruppe der Gleichaltrigen einen herausragenden Einfluss. In der Demokratie erfüllen die Massenmedien (v.a. Zeitung und Fernsehen) eine wichtige Rolle bei der Vermittlung alles Politischen; deshalb ist die Informations- und Meinungsfreiheit ein unverzichtbares Grundrecht.

■ **MEDIENKONZENTRATION** Das Pressewesen (Zeitungen, Zeitschriften) sowie die privaten Radio- und Fernsehsender sind privatwirtschaftlich organisiert (im Unterschied zum öffentlich-rechtlich organisierten Rundfunk und Fernsehen). Viele Zeitungen und Zeitschriften werden von denselben Verlagen und Medienkonzernen herausgegeben, denen auch Anteile an privaten Radio- und Fernsehsendern gehören. Dadurch wird der Wettbewerb, die Konkurrenz, auf dem Medienmarkt geringer. Das birgt die Gefahr, dass die Vermittlung von vielfältigen Informationen und unterschiedlichen Meinungen eingeschränkt wird. Eine starke Medienkonzentration ist mit der Informations- und Meinungsfreiheit und mit der demokratischen Wahl- und Entscheidungsfreiheit unvereinbar.

■ **MEINUNGSFREIHEIT** Die Meinungs- und Informationsfreiheit ist durch Artikel 5 Grundgesetz besonders geschützt. Sie umfasst die Freiheit der Meinungsbildung und -äußerung. Der Einzelne hat das Recht, Nachrichten, Meinungen, Stellungnahmen, Kritiken und Bewertungen ungehindert in Wort, Schrift und Bild zu empfangen, abzugeben und zu verbreiten. Allerdings findet die Meinungsfreiheit ihre Grenzen in den allgemeinen Gesetzen (z. B. darf niemand zu Gewalt oder Rassenhass aufrufen), im Jugendschutzgesetz (z. B. Schutz vor Pornografie) und in dem Recht der persönlichen Ehre; Meinungsäußerungen, die beleidigend und verleumderisch sind, sind verboten.

■ **MULTIMEDIA** ist die aufeinander abgestimmte Verwendung verschiedener Medien, der Medienverbund, besonders im Bereich der Unterhaltung (z. B. Multimedia-Show). Multimedia meint aber auch, dass Unternehmen in mehreren, auch unterschiedlichen Medienbereichen tätig sind (z. B. in Buchverlagen und Pressehäusern sowie in Film-, Video- und Rundfunkgesellschaften).

■ **NACHRICHT** Eine Nachricht ist eine Mitteilung innerhalb der Kommunikation (↗ S. 78); eine Meldung, die kurz, sachlich und richtig einen Vorgang oder ein Ereignis wiedergibt. Sie wird in gesprochener oder geschriebener Sprache, im Bild oder Film, aufgrund eigenen oder fremden Erlebens, über die verschiedenen Kommunikationsmittel weitergegeben. Bei der Vermittlung von Nachrichten spielen viele Gesichtspunkte eine Rolle: die Frage nach der Auswahl der Nachrichten, nach ihrem Wahrheitsgehalt, nach der Sachlichkeit, nach der Objektivität und nach dem, was ein Ereignis auszeichnen muss, damit es überhaupt zur „Nachricht“ wird.

■ **NACHRICHTENAGENTUREN** sind Büros, die Nachrichten sammeln, sichten, überprüfen und an Zeitungs-, Hörfunk- und Fernsehredaktionen weiterliefern, die dafür bezahlen. Wichtige Nachrichtenagenturen sind AP (Associated Press; USA), UPI (United Press International; USA), Reuters (Großbritannien), dpa (Deutsche Presse Agentur; Deutschland).

■ **NEUE MEDIEN** ist die Sammelbezeichnung für die weiterentwickelten Medien der Einzel- (Individual-) und Massenkommunikation. Der Begriff ist etwa im Jahre 1970 in der Bundesrepublik aufgekommen. Zunächst waren es Bildschirm-Videotexte, Videorekorder, Kabel- und Satellitenrundfunk und -fernsehen; dazu kamen dann Telefax-Geräte, Bild-Telefone, das Internet und die Digitalisierung von Informationen. Die neuen Medien, die weltweit zur Verfügung stehen, tragen dazu bei, dass der gesamte Bereich der Information und Kommunikation zum größten Dienstleistungssektor anwächst. Die Steigerung der Übermittlungsgeschwindigkeit und der Speicherfähigkeit von Informationen führen dazu, dass die räumliche Entfernung zwischen den Nutzern der Medien eine immer geringere Rolle spielt. Die weltweite Kommunikation wird dadurch immer leichter.

■ **PRESSEFREIHEIT** Die Freiheit der Presse, des Rundfunks, Films und Fernsehens wird durch Artikel 5 Grundgesetz besonders geschützt. Sie ist auch im Artikel 10 der Europäischen Konvention zum Schutze der Menschenrechte und Grundfreiheiten (↗ S. 103) und in Artikel 19 der Allgemeinen Erklärung der Menschenrechte der Vereinten Nationen (↗ S. 98) verankert. Die Pressefreiheit findet ihre Grenzen in allgemeinen Gesetzen (↗ Meinungsfreiheit, S. 81)

■ **PRIVATRADIO UND PRIVATFERNSEHEN** Seit einigen Jahren gibt es in Deutschland neben den öffentlich-rechtlichen Rundfunk- und Fernsehanstalten (↗ Rundfunk und Fernsehen, S. 83) Privatradio und Privatfernsehen, die über Kabel und Satellit empfangen werden können. Die öffentlich-rechtlichen Medien sollen die „Grundversorgung" der Konsumenten sicherstellen, während von den privaten Programmangeboten nicht die gleich hohen Qualitätsstandards erwartet werden. Die privaten Anstalten finanzieren sich über Werbeeinnahmen und nicht über Gebühren.

■ **REDAKTION** Die Redaktion bilden alle angestellten journalistischen Mitarbeiterinnen und Mitarbeiter einer Zeitung, Zeitschrift, einer Hörfunk- oder Fernsehhauptabteilung oder eines Verlages. Die Redaktion beschafft, wählt aus, gestaltet und kommentiert die Themen, die zu ihrem Aufgabenbereich gehören (Wirtschafts-, Kultur-, Nachrichtenredaktion etc.). An der Spitze dieser einzelnen Redaktionen, die meistens „Ressorts" genannt werden, steht der Chefredakteur bzw. die Chefredakteurin. Mit besonderen Verträgen (Redaktionsstatuten) versuchen die Redaktionen innerhalb der Medienorganisation, in der die tätig sind, (z. B. einem Zeitungsverlag), ihre größtmögliche Unabhängigkeit von Einflussmaßnahmen der Eigentümer der Medien zu sichern.

■ **RUNDFUNK UND FERNSEHEN** werden in der Bundesrepublik Deutschland vorwiegend durch die öffentlich-rechtlichen Rundfunkanstalten der Bundesländer getragen. Im Jahre 1953 schlossen sich die verschiedenen Rundfunkanstalten der Länder zur „Arbeitsgemeinschaft der öffentlich-rechtlichen

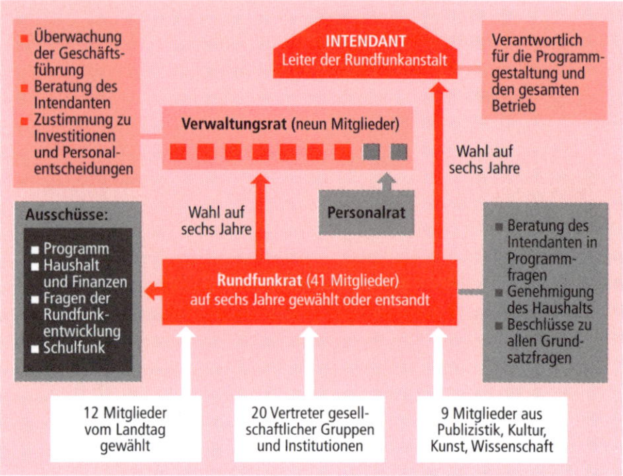

Aufbau einer Rundfunkanstalt

Rundfunkanstalten der Bundesrepublik Deutschland (ARD)“ zusammen. Das ZDF wurde 1961 gegründet. Da Rundfunk (Radio) und Fernsehen nicht reichen Einzelpersonen überlassen werden sollten, die damit einen starken Einfluss auf die Meinungsbildung hätten gewinnen können, hat der Staat sich vorbehalten, Rundfunk und Fernsehen durch Gesetze und Staatsverträge (Verträge zwischen den Bundesländern) zu regeln. Das bedeutet nicht, dass der Staat bzw. die Regierung das Programm vorschreibt; vielmehr muss es so gestaltet sein, dass alle wichtigen gesellschaftlichen Gruppen (z. B. Gewerkschaften, Parlamentarier, Kirchen) Einfluss auf seine Gestaltung nehmen können (Grundsatz der „Ausgewogenheit“). Das Programm muss also überparteilich sein und den Prinzipien der Wahrheit, Sachlichkeit und Toleranz entsprechen.

Die einzelnen Rundfunkanstalten werden von einem Rundfunkrat, einem Verwaltungsrat und einem Intendanten verwaltet. Im Rundfunkrat sind wichtige gesellschaftliche Gruppen vertreten. Der Verwaltungsrat, dessen Mitglieder aus dem Rundfunkrat gewählt werden, kontrolliert den Intendanten, der die laufenden Geschäfte des Senders erledigt und für den Inhalt und auch für die technische Durchführung des Programms verantwortlich ist.

■ **ZEITUNG** Neben dem Rundfunk und dem Fernsehen ist die Zeitung das wichtigste Informationsmittel in der modernen Gesellschaft. Kennzeichen der Zeitung ist, dass sie in kurzen Abständen erscheint (täglich, wöchentlich) und die neuesten Nachrichten enthält. Die Berichterstattung der Zeitungen wird durch die Meinungs- und Informationsfreiheit, wie sie das Grundgesetz garantiert, geschützt (↗ Pressefreiheit, S. 82).

■ **ZENSUR** Von einer Zensur spricht man, wenn Veröffentlichungen in Zeitungen, im Rundfunk und im Fernsehen staatlich überwacht und unterdrückt werden, wenn sie der Regierung missfallen. In Diktaturen gibt es die Zensur, um die öffentliche Meinung zu beeinflussen und zu steuern. In der Bundesrepublik ist die Zensur nach Artikel 5, Absatz 1 Grundgesetz verboten.

Lern-Check: Teste dein Wissen!

Kapitel „Medien“	O.K. ✓	Das muss ich noch mal lesen
Ich kann den Unterschied zwischen Information und Kommentar erklären und mit einem Beispiel belegen.		S. 77, 78
Ich kann die vier Bestandteile des Kommunikationsprozesses darlegen.		S. 78, 79
Ich kann erklären, wie Informationen manipuliert werden können.		S. 80
Ich kann mehrere Massenmedien aufzählen, sie nach ihrer Breitenwirkung ordnen und dies begründen.		S. 80
Ich kann erklären, warum eine starke Medienkonzentration die demokratische Meinungs- und Willensbildung gefährden kann.		S. 80, 81
Ich kann erörtern, warum die Meinungsfreiheit einerseits ein Fundament der Demokratie ist, andererseits aber beschränkt werden muss.		S. 81

Internationale Politik

ABC-WAFFEN ist der Sammelbegriff für atomare, biologische und chemische Waffen. Atom- oder Kernwaffen besitzen nukleare Sprengköpfe und wirken durch Druckwellen, Hitze und radioaktive Strahlung. Bisher wurden im Jahre 1945 zwei Atombomben auf Japan mit katastrophalen Folgen für Mensch und Umwelt abgeworfen. Aktuell besteht eher die Gefahr, dass von Terroristen „schmutzige" Atombomben eingesetzt werden, das sind mit radioaktiven Abfällen bestückte Raketen oder Granaten, die ebenfalls in ihren Auswirkungen nur sehr schwer zu beherrschen sind. Biologische Waffen verbreiten Krankheiten erregende Bakterien, wie z. B. Pest oder Milzbrand. Chemische Waffen enthalten flüssige oder gasförmige Stoffe, die Lähmung oder Erstickung hervorrufen. Diese Waffen wurden im Ersten Weltkrieg im Jahr 1915 und im Irak in den Jahren 1984 und 1988 eingesetzt. Gegen die Herstellung, Weiterverbreitung und den Einsatz dieser Waffen gibt es internationale Abkommen, denen auch die Bundesrepublik beigetreten ist. In jüngster Zeit gibt es die Befürchtung, dass biologische und chemische Waffen von Terroristen eingesetzt werden könnten, weil ihre Herstellung relativ einfach und billig ist. Weil alle drei Waffenarten großflächig eingesetzt werden können, werden sie auch als **Massenvernichtungswaffen** bezeichnet.

ABRÜSTUNG Bei einer Abrüstung wird die Zahl der Soldaten und der Waffen tatsächlich vermindert. Die Abrüstung wird zwischen Staaten verhandelt und in Verträgen geregelt. Von der Abrüstung zu unterscheiden ist die **Rüstungsbegrenzung**, mit der in Verträgen die Anzahl der Waffen und Soldaten nach oben begrenzt wird.

■ BÜRGERKRIEG Von einem Bürgerkrieg spricht man dann, wenn verschiedene Gruppen innerhalb eines Staates gegeneinander mit Gewaltanwendung vorgehen mit dem Ziel, die Herrschaft in diesem Staat zu erringen.

■ DIPLOMATIE Mit Diplomatie werden alle Tätigkeiten zwischen Staaten bezeichnet, die gewaltlos verlaufen. Dazu gehören in erster Linie die Verhandlungen zwischen Staaten oder zwischen Staaten und internationalen Organisationen, wie z. B. der UNO (↗ Vereinte Nationen, S. 98–99). Deshalb unterstehen die Diplomaten dem Außenministerium. Ein Diplomat ist ein höherer Beamter, der im Auftrag seines Staates dessen außenpolitische Interessen wahrnimmt. Er kann Gesandter oder Botschafter bei einem anderen Staat oder bei einer internationalen Organisation sein.

■ FRIEDEN ist ein Zustand der Gewaltlosigkeit und der Recht- und Gesetzmäßigkeit. Der „innere Frieden" ist der Frieden innerhalb einer Gemeinschaft, der „äußere Frieden" herrscht zwischen den Staaten. Bis ins 20. Jahrhundert wurde der Frieden definiert als die Abwesenheit von Krieg. Doch nach dem Ersten (1914–1918) und erst recht nach dem Zweiten Weltkrieg (1939–1945) hat man erkannt, dass jede Verletzung des Friedens zwischen den Staaten verhindert werden sollte. Im Völkerrecht (↗ S. 100) und in den Vereinbarungen (Charta) der Vereinten Nationen (↗ S. 98–99) sind Maßnahmen gegen Friedensstörer vorgesehen, die vom Abbruch der Handelsbeziehungen bis zum Einsatz von Waffengewalt reichen. Der Begriff „Frieden" wird heute weit gefasst: Der Frieden wird nicht nur durch aggressive Staaten bedroht, sondern auch von Hunger-, Dürre- und Umweltkatastrophen, von Verteilungskämpfen um knapper werdende Rohstoffe (z. B. Trinkwasser), durch die Überbevölkerung der Erde, durch den wachsenden Gegensatz zwischen reichen und armen Staaten und durch Heilslehren (Ideologien), die die Gewalt gutheißen (Terrorismus) und vieles andere mehr.

FUNDAMENTALISMUS Ursprünglich wurde der Begriff „Fundamentalismus“ auf das Christentum bezogen, speziell auf die Richtung im amerikanischen Protestantismus, die die Bibel wörtlich nimmt (z. B. den Schöpfungsbericht) und sich gegen die Naturwissenschaften, vor allem die Evolutionslehre, wendet. Heute wird im Allgemeinen der islamische Fundamentalismus gemeint, der die Einflüsse des Westens von der islamischen Welt fernhalten will. Der islamische Fundamentalismus fordert, die Politik der Religion unterzuordnen, ist also für die Einheit von Religion und Staat und damit anders als die westlichen Demokratien, die Staat und Religion trennen. Eine radikale Minderheit der islamischen Fundamentalisten befürwortet Gewalt gegen den Westen und rechtfertigt dies mit der Verpflichtung zum Dschihad, dem Heiligen Krieg (↗ Extremismus, S. 15).

GENFER KONVENTIONEN In Genf, dem Sitz des Internationalen Komitees des Roten Kreuzes wurden zwischen 1864 und 1949 mehrere Konventionen (= zwischenstaatliche Abkommen) abgeschlossen, die wichtige Teile des humanistischen Völkerrechts geworden sind. Sie legten fest, wie Verwundete, Kriegsgefangene, schiffbrüchige Seeleute und die Zivilbevölkerung im Kriege behandelt und geschützt werden sollten. 1951 kam das Abkommen über die Rechtsstellung der Flüchtlinge dazu. Die Genfer Konvention wurde in den folgenden Jahren an die Modernisierung der Kriegsführung angepasst.

GRUPPE DER ACHT (G8) Zu dieser Gruppe der wirtschaftlich stärksten Staaten der Welt gehören die USA, Kanada, Japan, Großbritannien, Frankreich, Italien, Deutschland und (seit 1998) Russland. Die Gruppe ist keine formelle Organisation, sondern sieht sich als Abstimmungsgremium, zu dem man sich jährlich zu einem Weltwirtschaftsgipfel unter wechselndem Vorsitz trifft. Wie auch andere Gipfel (z. B. der Welthandelsorganisation, ↗ WTO, S. 100) werden auch die G8-Treffen immer wieder von z. T. gewalttätigen Protesten globalisierungskritischer und anderer sozialer Bewegungen begleitet. In anderen Zusammensetzungen gibt es noch die G8+5-Staaten (Zusammenarbeit mit den größten Schwellenländern, ↗ S. 115), die G15-Gruppe (Zusammenarbeit der Entwicklungsländer, ↗ S. 111) sowie die Zusammenarbeit der G20- und G33-Staaten.

■ HAAGER LANDKRIEGSORDNUNG In den Jahren 1899 und 1907 wurden auf Friedenskonferenzen in Den Haag (Niederlande) Regeln für den Landkrieg aufgestellt. In der HLKO ist zum Beispiel die Behandlung der Kriegsgefangenen geregelt, die Verwendung von Gift und die Rechte der Zivilbevölkerung in den vom Feind besetzten Gebieten. Im Ersten (1914–1918) und Zweiten Weltkrieg (1939–1945) wurde immer wieder gegen die Haager Landkriegsordnung verstoßen.

■ INTERNATIONALER GERICHTSHOF Der Internationale Gerichtshof (IGH) ist eine Einrichtung der Vereinten Nationen (↗ S. 98–99) mit Sitz in Den Haag (Niederlande). Er entscheidet Streitfälle zwischen zwei oder mehreren Staaten. Der Gerichtshof besteht aus 15 Richterinnen und Richtern, die aus allen Erdteilen und aus verschiedenen Rechtssystemen kommen.

■ INTERNATIONALER STRAFGERICHTSHOF (*IStGH*) Der IStGH wurde im Jahre 2002 in Den Haag (Niederlande) eingerichtet. Er verfolgt Kriegsverbrechen, Völkermord oder Verbrechen gegen die Menschlichkeit, wenn die Staaten, aus denen die Täter stammen, diese vor Gericht nicht selbst anklagen. Er beginnt seine Untersuchungen, wenn die Beschwerde eines Staates vorliegt, ein Ankläger auftritt oder der UN-Sicherheitsrat initiativ wird. Der IStGH ist nur für Verbrechen zuständig, die seit dem Jahre 2002 begangen wurden. Da Russland und China, aber vor allem die USA den IStGH ablehnen, weil sie um ihre Unabhängigkeit fürchten, wird die Zukunft des IStGH mit Skepsis betrachtet. Der IStGH darf nicht mit dem Internationalen Gerichtshof (↗ S. 90) verwechselt werden.

INTERVENTION In der Außenpolitik wird mit Intervention die Einmischung eines Staates in die inneren Angelegenheiten eines anderen Staates bezeichnet. Im schlimmsten Fall erfolgt diese Einmischung mit militärischen Mitteln. Da nach dem Völkerrecht (↗ S. 100) alle Staaten als gleichwertig und unabhängig voneinander gelten, ist die Einmischung in die inneren und äußeren Angelegenheiten eines Staates verboten. In den letzten Jahren gab es eine Änderung dieser Meinung: Wenn eine Regierung in sehr grober Weise die Menschenrechte der eigenen Bevölkerung verletzt, so gibt es das Recht zur Intervention.

ISLAMISMUS Die Ideologie (↗ S. 17) des Islamismus darf nicht mit der Religion des Islams gleichgesetzt werden, auch eine Gleichsetzung von Islamisten mit Terroristen ist nicht zulässig. Das wichtigste Kriterium zur Unterscheidung ist, ob islamistische Gruppen den Einsatz von Gewalt befürworten oder ablehnen.

Zunächst wird mit Islamismus oder islamischem Fundamentalismus das Streben nach der Errichtung eines islamischen Staates, die Einführung der Scharia, des islamischen Rechts, und die Rückbesinnung auf die Lehren des Religionsstifters Mohammed bezeichnet. Aus westlicher Sicht gilt der Islamismus als extremistisch, weil er undemokratisch ist und die Grundrechte bestimmter Gruppen (z. B. der Frauen und der Nicht-Muslime) einschränkt.
Zu unterscheiden sind islamistische Gruppen, die eine Umwälzung in den Ländern der islamischen Welt anstreben, von jenen, die auf „den Westen" als Gegner zielen. Das sind Gruppen, die mit der Propagierung des „Heiligen Krieges" (Dschihad) nicht mehr nur die Selbstläuterung und die Verteidigung der islamischen Welt gegen den Westen meinen, sondern mit Gewalt aller Art, Terror, Selbstmordattentaten, Entführungen usw. die Unterwerfung der Ungläubigen und die Errichtung der islamistischen Weltherrschaft anstreben (**Dschihadismus**) (↗ Extremismus, S. 15; ↗ Terrorismus, S. 97; ↗ Ideologie, S. 17).

■ **KOLLEKTIVE SICHERHEIT** Gemeint ist mit kollektiver Sicherheit, dass sich mehrere Staaten vertraglich so miteinander verbinden, dass die Gewaltanwendung zwischen ihnen untersagt und unmöglich ist. Der Schutz jedes einzelnen Staates ist an eine Organisation übertragen, die über den einzelnen Staaten steht, wie z. B. die NATO (↗ S. 93) oder die Vereinten Nationen (↗ S. 98–99). Mittel zur Erreichung der kollektiven Sicherheit sind: Nichtangriffsverträge, Abkommen über Rüstungsbegrenzung und Abrüstung, die Aufstellung gemeinsamer Streitkräfte, wie es z. B. die Bundesrepublik mit mehreren Nachbarstaaten unternommen hat.

■ **KRIEG** ist der mit Waffengewalt ausgetragene Machtkonflikt zwischen zwei oder mehreren Staaten. Nach dem Völkerrecht (↗ S. 100) beginnt der Krieg mit einer Kriegserklärung oder mit der Aufnahme der Kriegshandlungen. Der Krieg endet mit dem Abschluss eines Friedensvertrages, durch die Bekanntgabe der Einstellung der Feindseligkeiten oder durch die Unterwerfung einer der beiden kriegführenden Parteien. Umstritten ist, ob es einen gerechten Krieg geben kann: Gibt es Gründe, die den Einsatz von Gewalt rechtfertigen?

■ **KRIEGSVERBRECHEN** sind Kriegshandlungen, die gegen das Völkerrecht (↗ S. 100), gegen die Genfer Konventionen (↗ S. 89) und die Haager Landkriegsordnung (↗ S. 90) verstoßen. Dazu gehören z. B. der Angriff auf Sanitätseinrichtungen, die Misshandlung und Tötung von Kriegsgefangenen, Grausamkeiten gegen die Zivilbevölkerung, die Zwangsarbeit fremder Staatsbürger, Völkermord und die wirtschaftliche Ausbeutung besetzter Gebiete.

■ **MIGRATION** bezeichnet Wanderungsbewegungen von Einzelnen oder Gruppen: 1. *innerhalb eines Landes*, z. B. Umzug von Sachsen nach Bayern; Ein- und Auswanderung in und aus Staaten (z. B. Auswanderung vieler Deutscher nach Amerika im

19. und 20. Jahrhundert); 2. *freiwillige* (z. B. verknüpft mit einem beruflichen Aufstieg) oder *erzwungene* (z. B. durch Vertreibung oder Dürre) Wanderung; 3. *zeitlich begrenzte* (z. B. für die Dauer eines Bürgerkrieges oder für die Dauer eines Forschungsauftrages) oder *dauerhafte* (z. B. Auswanderung einer Familie nach Australien) Wanderung (↗ Mobilität, S. 70).

MULTIPOLARITÄT In der Zeit des Kalten Krieges (1945–1991) stand die Weltpolitik unter der Gegnerschaft zwischen den USA und der Sowjetunion (UdSSR). Diese frühere Bipolarität der Welt wurde abgelöst von einem multipolaren System, in dem neben den USA und Russland auch China, Japan und die Europäische Union (EU), also viele Staaten eine wichtige Rolle spielen.

NATO ist die Abkürzung für North Atlantic Treaty Organization, auch als **Atlantikpakt** oder **Nordatlantikpakt** bezeichnet. Die NATO wurde 1949 in den USA gegründet. Sie versteht sich als Militärbündnis zur Abwehr eines Angriffs auf das Staatsgebiet der Verbündeten.

Die Gründerstaaten der NATO waren: Frankreich, Großbritannien, die Niederlande, Belgien, Luxemburg, die USA, Kanada, Dänemark, Island, Italien, Norwegen und Portugal. Im Laufe der Jahre sind der NATO beigetreten: Griechenland (1952), Türkei (1952), die Bundesrepublik Deutschland (1955) und Spanien (1982). Ungarn, Tschechien und Polen folgten 1999. Seit dem Jahre 2004 sind auch Bulgarien, Rumänien, Estland, Lettland, Litauen, die Slowakei und Slowenien, seit dem Jahr 2003 auch Albanien und Kroatien NATO-Mitglieder.

Das wichtigste Organ der NATO ist der **Nordatlantikrat**, in dem alle Mitgliedstaaten gleichberechtigt vertreten sind. Die Zusammenarbeit zwischen den NATO-Staaten wird von einem Generalsekretär geleitet und gefördert.

Seit dem Ende des **Ost-West-Konfliktes** 1989 und der Auflösung des Warschauer Paktes, der das Gegenbündnis der kommunistischen Staaten zur NATO war, verändert die NATO ihr Aufgabengebiet: Sie beschränkt sich nicht mehr nur auf die Verteidigung des Bündnisgebietes, sondern greift auch außerhalb in Konflikte ein (**out of area**). Als neue Bedrohungen gelten: ethnische Konflikte (z. B. im ehemaligen Jugoslawien), Konflikte um knapper werdende Rohstoffe (z. B. Erdöl, Trinkwasser), Probleme des religiösen Fundamentalismus (z. B. Islamismus) und die Weiterverbreitung von Atomwaffen (z. B. Iran und Nord-Korea). Die NATO-Staaten arbeiten aber nicht nur militärisch, sondern auch politisch, wirtschaftlich und kulturell zusammen, da sie sich als Wertegemeinschaft verstehen.

■ **NEUTRALITÄT** Neutral sein bedeutet unparteiisch zu sein, das heißt, man lehnt jede Einmischung in Angelegenheiten anderer ab. Politisch bedeutet das, dass ein Staat sich nicht an bewaffneten Konflikten anderer Staaten beteiligt, aber auch schon im Frieden keinen militärischen Bündnissen beitritt. Der bekannteste neutrale Staat ist die Schweiz, die bereits 1845 ihre Neutralität erklärt und ohne Unterbrechung beibehalten hat.

■ **NGO** (*Non Governmental Organization*) Dazu zählen nichtstaatliche und nicht-gewerbliche Organisationen, die vom ehrenamtlichen Einsatz der Bürgerinnen und Bürger getragen werden, wie z. B. Greenpeace oder Amnesty International. NGOs beraten die Politik auf nationaler und internationaler Ebene und nehmen an Konferenzen zu humanitären Hilfen (z. B. Hungerhilfe), Umweltschutz (z. B. Problematik der wachsenden Wüsten), Problemen gesellschaftlicher Gruppen (z. B. Weltfrauenkonferenz, Lage der Kinder) teil (↗ Bürgergesellschaft, S. 13; ↗ Pluralismus, S. 24).

■ **OECD** (*Organization for Economic Cooperation and Development* = Organisation für wirtschaftliche Zusammenarbeit und Entwicklung) Die OECD wurde in ihrer heutigen Form 1961 gegründet. In ihr sind die wichtigen Industriestaaten vertreten, neben vielen europäischen Staaten sind auch die USA, Kanada, Mexiko, Korea, Australien und Neuseeland Mitglieder. Die OECD plant und vertieft die wirtschaftliche Zusammenarbeit zwischen ihren Mitgliedsländern und koordiniert deren Entwicklungshilfemaßnahmen.

■ **OPEC** (*Organization of the Petroleum Exporting Countries* = Organisation der Erdöl exportierenden Länder) Die OPEC wurde im Jahre 1960 von Irak, Iran, Kuwait, Saudi-Arabien und Venezuela gegründet; sie hat ihren Sitz in Wien. Diese Länder schlossen sich zusammen, um sich gegen die großen Mineralölkonzerne zu wehren, die damals die Preise vorschrieben. Die heutigen OPEC-Staaten wollen die Ölfördermengen und die Preise für Rohöl miteinander abstimmen.
Im Jahre 1973 setzte die OPEC das Öl als Waffe gegen den Westen ein. Man sollte die Unterstützung Israels aufgeben und drohte mit einer Einstellung der Erdölförderung. Durch Energiesparmaßnahmen, Erschließung neuer Erdölfelder, Bau von Atomkraftwerken und durch die Uneinigkeit der OPEC-Staaten gelang es dem Westen, die „Ölkrise“ in den Griff zu bekommen.

■ **OSZE** ist die Abkürzung für *Organisation für Sicherheit und Zusammenarbeit in Europa*. Die OSZE ist seit dem Jahre 1995 die Nachfolgeorganisation der **KSZE**, der *Konferenz über Sicherheit und Zusammenarbeit in Europa*. Die KSZE war von ihrer Gründung (1973) bis 1990, den Jahren des Zerfalls des ehemaligen Ostblocks, ein Gesprächsforum aller europäischen Staaten (außer Albanien), der USA und Kanadas. Ziel dieser Konferenzen war es, in Europa, das damals vom Ost-West-Gegensatz bestimmt und in zwei politisch, wirtschaftlich, militärisch gegensätzliche Lager geteilt war, Sicherheit und Stabilität zu bewahren, und die Möglichkeiten der Zusammenarbeit zwischen Ost und West in den Bereichen Wirtschaft, Wissenschaft, Kultur, Umweltschutz, Abrüstung und in Menschenrechtsfragen auszubauen. Nach dem Ende des **Ost-West-Konfliktes** hat die KSZE Institutionen erhalten und den Status einer internationalen Organisation erlangt. Die Mitgliedstaaten der OSZE bekennen sich zur Rechtsstaatlichkeit (↗ S. 24), zur Demokratie (↗ S. 14) und zur Marktwirtschaft. Im Abstand von zwei Jahren treffen sich alle Staats- und Regierungschefs, die Außenminister in jedem Jahr mindestens einmal.

■ **PAZIFISMUS** bedeutet das entschiedene Eintreten für den Frieden und die Ablehnung jeglicher Gewaltanwendung. Ein Pazifist ist ein Kriegsgegner. Er lehnt jede Form des Krieges ab, auch den Verteidigungskrieg. Die Konsequenz daraus führt zur Wehrdienst- und Kriegsdienstverweigerung.

■ **PROTEKTIONISMUS** Mit protektionistischen Maßnahmen wird der Markt eines Landes vor ausländischer Konkurrenz geschützt. Maßnahmen sind z. B. hohe Importzölle, Festlegung von Importquoten, Subventionen für die nationalen Produkte, komplizierte Produktvorschriften und ihre dauernde Änderung. Die Welthandelsorganisation (↗ WTO, S. 100) setzt sich sehr für den Abbau protektionistischer Maßnahmen ein, wovon die ganze Weltwirtschaft, besonders die Entwicklungsländer, profitieren würden.

■ **REVOLUTION** bezeichnet eine grundsätzliche Änderung überlieferter Verhältnisse (Revolution in der Wissenschaft, Kunst, Mode u. a.). Politisch ist der Sturz der Herrschenden, der meistens mit Gewaltanwendung verbunden ist, und die Errichtung einer völlig neuen Ordnung gemeint.
Entscheidende Revolutionen in der Geschichte waren zum Beispiel die Französische Revolution 1789 oder die Oktoberrevolution 1917 in Russland. Als „friedliche Revolution" gilt der Aufstand der Bevölkerung in der DDR 1989/1990. Auch die Abschüttelung einer Fremdherrschaft, die zur Gründung einer Nation führt, gilt als Revolution (z. B. die Amerikanische Revolution 1775–1783).

■ SELBSTBESTIMMUNGSRECHT der Völker ist ein Grundsatz, nach dem jedes Volk das Recht hat, selbst zu bestimmen, wie es seine staatliche, wirtschaftliche und kulturelle Ordnung gestalten will. Dadurch sollen vor allem die kleinen und mittleren Staaten vor den großen oder mächtigen Staaten geschützt werden. Der Grundsatz ist im Völkerrecht und in der Satzung der Vereinten Nationen (↗ S. 98–99) aufgenommen.
In Staaten, in denen mehrere Völker zusammenleben, kann die Berufung auf das Selbstbestimmungsrecht der Völker zur Auflösung des Staates, Kriegen oder neuen Staatsgründungen führen.

■ STAATSSTREICH Ziel eines Staatsstreiches ist es, die Regierung gewaltsam zu stürzen. Der Staatsstreich wird ausgeführt von Anführern anderer mächtiger Gruppen im Staat, die bereits Anteil an der Macht hatten, z. B. vom Militär oder von bisherigen Mitgliedern der Regierung. Durch den Staatsstreich ändert sich an den grundsätzlichen politischen, wirtschaftlichen und gesellschaftlichen Gegebenheiten im Staat wenig.

■ TERRORISMUS ist Gewaltanwendung zur Erreichung politischer Ziele. Sprengstoff, Morde, Flugzeugentführungen, Geiselnahmen, Giftgasanschläge u.v.m. sollen Angst und Unsicherheit in der Bevölkerung verbreiten, da niemand weiß, ob er nicht Opfer solcher Verbrechen werden kann, da sich der Terrorismus nicht nur gegen die Vertreter des verhassten Systems richtet. Die Terroristen haben das Ziel, die politische und gesellschaftliche Ordnung umzustürzen und verstehen ihre Aktionen als Krieg. Die Verfolgung von Terroristen gestaltet sich meist sehr schwierig, da sie oft über ein weit verzweigtes Netz von Sympathisanten, Unterstützern und Geldgebern verfügen und nicht selten international zusammenarbeiten.

■ UNILATERALISMUS Dieser Ausdruck bezieht sich auf die Haltung eines Staates, der seinen Willen durchsetzt und dabei auf andere Staaten wenig oder gar keine Rücksicht nimmt.

Der Vorwurf des Unilateralismus richtete sich vor allem gegen die USA, die in der Zeit der Präsidentschaft G. W. Bushs in ihrer Umweltpolitik (↗ Kyoto-Protokoll, S. 130), bei ihren Raketenabwehrplänen und in ihrer Irak-Politik sich nicht mit verbündeten Staaten abstimmten.

■ **VEREINTE NATIONEN** Der Ausdruck „Vereinte Nationen" ist die Übersetzung des englischen *United Nations* (**UN**) oder *United Nations Organization* (**UNO**). Die UN wurden 1945 nach dem Ende des Zweiten Weltkrieges gegründet. Heute sind fast alle Staaten der Welt Mitglieder der UN. Ihre Ziele sind in der „Charta der Vereinten Nationen" festgelegt (Charta = Verfassungsurkunde). Dazu zählen die Bewahrung des Friedens, die Förderung der Zusammenarbeit zwischen allen Staaten der Welt und die Förderung der Menschenrechte (↗ S. 20).

Die Generalversammlung, die Versammlung aller Mitgliedstaaten, tritt mindestens einmal im Jahr zusammen. In ihr sind alle Staaten gleichberechtigt: Jedes Land hat eine Stimme, gleichgültig wie groß und wie bedeutend es ist (z. B. haben die USA ebenso nur 1 Stimme wie Sierra Leone).

Wichtiger als die Generalversammlung ist aber der **Sicherheitsrat**, der auch oft **Weltsicherheitsrat** genannt wird. Er besteht aus 15 Mitgliedern, davon sind fünf ständige Mitglieder: China, Frankreich, Großbritannien, USA, Russland. Die zehn nicht ständigen Mitglieder werden von der Generalversammlung für zwei Jahre in den Sicherheitsrat gewählt. Hauptaufgabe des Sicherheitsrates ist es, Streitigkeiten zwischen den Staaten beizulegen. Dazu kann er Verhandlungen zwischen den streitenden Parteien in die Wege leiten, er kann die Staaten auffordern, den Handel mit diesen Staaten abzubrechen (Boykott) und er kann Truppen entsenden (UN-Blauhelme), die von den Mitgliedstaaten zur Verfügung gestellt werden. Einem Beschluss des Sicherheitsrates müssen mindestens 10 der 15 Mitglieder zustimmen.

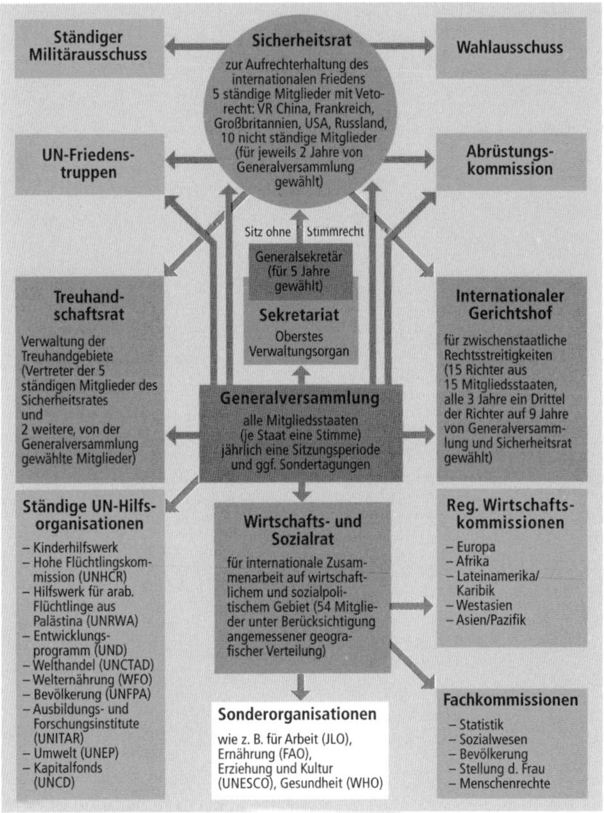

Struktur der UNO

Die fünf Stimmen der ständigen Mitglieder müssen darin enthalten sein. Stimmt eines dieser Mitglieder dagegen, so tritt der Beschluss nicht in Kraft (Vetorecht). Die große Verwaltung der UN wird von einem Generalsekretär geleitet.

6

VÖLKERRECHT Das Völkerrecht regelt die Beziehungen der Staaten zueinander, die diese in schriftlichen Verträgen niederlegen. Das können Wirtschaftsverträge, Kulturabkommen, Friedens-, Freundschafts-, Verteidigungsverträge und anderes sein. Da es über den Staaten niemanden gibt, der die Einhaltung der Verträge überwachen und Zwang zu ihrer Einhaltung einsetzen kann, gilt der Grundsatz des Vertrauens. Verträge sollten zwischen gleichberechtigten, souveränen Staaten geschlossen werden. Kein Staat sollte dem anderen seinen Willen aufzwingen können (↗ Vereinte Nationen, S. 98–99).

WESTEUROPÄISCHE UNION Im Jahre 1954 wurde die Westeuropäische Union, **WEU**, von Großbritannien, Frankreich, den Niederlanden, Belgien, Luxemburg, Italien und der Bundesrepublik Deutschland gegründet. Das Bündnis soll der wirtschaftlichen, sozialen und kulturellen Zusammenarbeit dienen. Im Falle eines militärischen Angriffs auf einen der Bündnispartner besteht Beistandspflicht. Die WEU führt neben der NATO (↗ S. 93) ein Schattendasein, da sie eigenständige politische und militärische Entscheidungen nicht treffen kann. Es gibt jedoch Bestrebungen, die WEU zum militärischen Arm der Europäischen Union (EU) zu machen.

WTO (*World Trade Organization* = Welthandelsorganisation) Die WTO in ihrer heutigen Form wurde 1994 gegründet und hat derzeit 153 Staaten als Mitglieder; sie ist eine Sonderorganisation der Vereinten Nationen und hat ihren Sitz in Genf (Schweiz).
Ziel der WTO ist es, für eine stabile Entwicklung der Weltwirtschaft zu sorgen und die Märkte der Industriestaaten für die Waren der Entwicklungsländer zu öffnen. Maßnahmen zur Regulierung des Außenhandels (Import und Export) sollen die Mitgliedstaaten erst nach Absprache mit den anderen WTO-Staaten treffen (↗ Globalisierung, S. 129; ↗ Protektionismus, S. 96).

Lern-Check: Teste dein Wissen!

Kapitel „Internationale Politik“	O.K. ✓	Das muss ich noch mal lesen
Ich kann den Unterschied zwischen Abrüstung und Rüstungsbegrenzung erklären.		S. 87, 88
Ich kann den Unterschied zwischen Krieg und Bürgerkrieg erklären.		S. 88, 92
Ich kann darlegen, wodurch der Frieden gefährdet werden kann.		S. 88
Ich kann erläutern, was „Fundamentalismus“ bedeutet.		S. 89
Ich kann die Aufgaben des Internationalen Strafgerichtshofes darlegen, aber auch seinen begrenzten Einfluss erklären.		S. 90
Ich kann den Islam vom Islamismus unterscheiden.		S. 91
Ich kann mehrere Formen der Migration beschreiben.		S. 92, 93
Ich kann erklären, was eine NGO ist und mindestens ein Beispiel nennen.		S. 94
Ich kann beschreiben, was man unter dem Selbstbestimmungsrecht der Völker versteht.		S. 97
Ich kann die fünf ständigen Mitglieder des UN-Sicherheitsrates aufzählen.		S. 98, 99

7 Europäische Integration

■ **AGENDA 2000** Im Juni 1993 hat der Europäische Rat die Bedingungen festgelegt, unter denen ein Bewerberstaat in die EU aufgenommen werden kann; sie sind in den Sprachgebrauch als die **Kopenhagener Kriterien** eingegangen: 1. Der Bewerberstaat muss Demokratie, Rechtsstaatlichkeit, die Einhaltung der Menschenrechte und den Schutz von Minderheiten garantieren. 2. Seine Wirtschaft muss nach dem System der Marktwirtschaft organisiert sein. 3. Er muss alle Verpflichtungen eines EU-Staates übernehmen. Im Jahre 1997 wurden diese Kriterien detailliert ausformuliert und dem Europäischen Parlament als Agenda 2000 vorgestellt. In der Diskussion über einen Beitritt der Türkei zur EU spielen die Kopenhagener Kriterien eine große Rolle.

■ **BINNENMARKT** Ein Binnenmarkt kann innerhalb eines Staates sein oder mehrere Staaten umfassen. Im Binnenmarkt herrscht freier Personen-, Waren-, Dienstleistungs- und Kapitalverkehr. Die EU stellt einen großen Binnenmarkt dar. Die USA haben mit Kanada und Mexiko ein Freihandelsabkommen (NAFTA) geschlossen, diese drei Staaten bilden also ebenfalls einen Binnenmarkt.

■ **EU-MINISTERRAT** Der Ministerrat ist mit dem Europäischen Rat (↗ S. 107) die „Gesetzgebung" der Europäischen Union (EU). Jedes EU-Land entsendet ein Mitglied in den Ministerrat. Je nachdem, welches Thema zur Beratung ansteht, tritt der Ministerrat als Rat der Außen-, Landwirtschafts-, Wirtschafts-, Innenminister oder anderer Fachminister zusammen. Die Verordnungen des Ministerrates gelten in den EU-Staaten wie Gesetze. Deshalb wird bei strittigen Fragen in der Regel so lange verhandelt, bis die Einstimmigkeit unter den Ministern hergestellt ist. Seit dem Jahre 1987 sind auch Mehrheitsentscheidungen im Ministerrat möglich. Je größer die EU wird, desto schwerer ist der Grundsatz der Einstimmigkeit beizubehalten.

■ **EUROPÄISCHE KOMMISSION** Die Europäische Kommission entspricht der „Regierung" der Europäischen Union (EU). Die Kommissare werden zwar von den Regierungen der Mitgliedstaaten für vier Jahre ernannt, sind aber von diesen vollkommen unabhängig. Die Kommissare setzen die Entscheidungen des Europäischen Rates um und können durch eigene Gesetzesvorschläge die Europapolitik lenken. Sie überwachen die Einhaltung des EU-Rechtes (↗ Europäischer Rat, S. 107 und ↗ Europäisches Parlament, S. 107).

■ **EUROPÄISCHE KONVENTION ZUM SCHUTZE DER MENSCHENRECHTE UND GRUNDFREIHEITEN** Die Menschenrechte (↗ S. 20) werden von den Mitgliedstaaten des Europarats (↗ S. 108) völkerrechtlich garantiert. In der Europäischen Menschenrechtskonvention von 1950 wurden folgende Rechte festgelegt: Recht auf Leben, Verbot der Folter, Sklaverei und Zwangsarbeit, Recht auf Freiheit und Sicherheit, Rechte des Angeklagten, Anspruch auf Achtung der Privatsphäre, Gewissens- und Religionsfreiheit, das Recht auf Meinungs-, Versammlungs- und Vereinigungsfreiheit, das Recht auf Ehe und Familie, auf Eigentum, auf Bildung, Abhaltung freier und geheimer Wahlen, das Recht auf Freizügigkeit und anderes (↗ Europäischer Gerichtshof für Menschenrechte, S. 106).

7

■ **EUROPÄISCHE SOZIALCHARTA** Die Europäische Sozialcharta wurde im Jahre 1961 vom Europarat (↗ S. 108) als Vertrag beschlossen und trat 1965 für die Bundesrepublik in Kraft. In ihr werden 19 soziale Rechte genannt, von denen sieben bindende Kernrechte sind: das Recht auf Arbeit, die Vereinigungsfreiheit, das Recht auf Kollektivverhandlungen, auf soziale

Sicherheit, auf Fürsorge, das Recht der Familie auf sozialen, gesetzlichen und wirtschaftlichen Schutz sowie das Recht der Wanderarbeiter und ihrer Familien auf Schutz und Beistand. Nicht zu verwechseln ist diese Europäische Sozialcharta mit der im Jahre 1989 von den Regierungschefs der EU-Staaten (↗ Europäischer Rat, S. 107) verabschiedeten **Gemeinschaftscharta der sozialen Grundrechte der Arbeitnehmer in der EU**, die ebenfalls ungenau als „Europäische Sozialcharta“ bezeichnet wird.

■ **EUROPÄISCHE UNION (EU)** Im Jahre 1950 schlossen sich sechs europäische Staaten zur Schaffung eines gemeinsamen Marktes für Kohle und Stahl zusammen; es waren dies Frankreich, Italien, Belgien, Niederlande, Luxemburg und die Bundesrepublik Deutschland (**Montan-Union**). 1957 wurde die europäische Zusammenarbeit durch die **Römischen Verträge** ausgeweitet und vertieft. Dies war die Gründung der „Europäischen Wirtschaftsgemeinschaft“ (**EWG**) und der „Europäischen Atomgemeinschaft“ (**Euratom**). Die Vertragsstaaten verpflichteten sich, untereinander alle Zoll- und Handelsschranken abzubauen. Die 12 Mitgliedstaaten (außer den Gründungsstaaten: Dänemark, Griechenland, Großbritannien, Irland, Portugal, Spanien) verpflichteten sich, für ihre gesamte Wirtschaft gemeinsame Regelungen zu entwickeln. 1967 wurden die Montan-Union, die Euratom und die EWG zu einer einheitlichen „Europäischen Gemeinschaft“ (**EG**) zusammengeschlossen. 1985 wurde die europäische Integration beschleunigt, da die EG die Verwirklichung des europäischen Binnenmarktes bis zum Jahre 1992 in Angriff nahm. 1992 wurde dann im **Maastrichter Vertrag** die Bildung einer Europäischen Wirtschafts- und Währungsunion (↗ S. 106) beschlossen. Seit 1993 besteht ein gemeinsamer Binnenmarkt mit weitgehend freiem Waren-, Personen-, Dienstleistungs- und Kapitalverkehr. Die politische Zusammenarbeit in der Wirtschafts-, Außen- und Sicherheits-, Verteidigungs- und in der Innen- und Rechtspolitik soll ausgebaut werden. Seit 1998 gehören zur Europäischen Union (EU): Belgien, Deutschland,

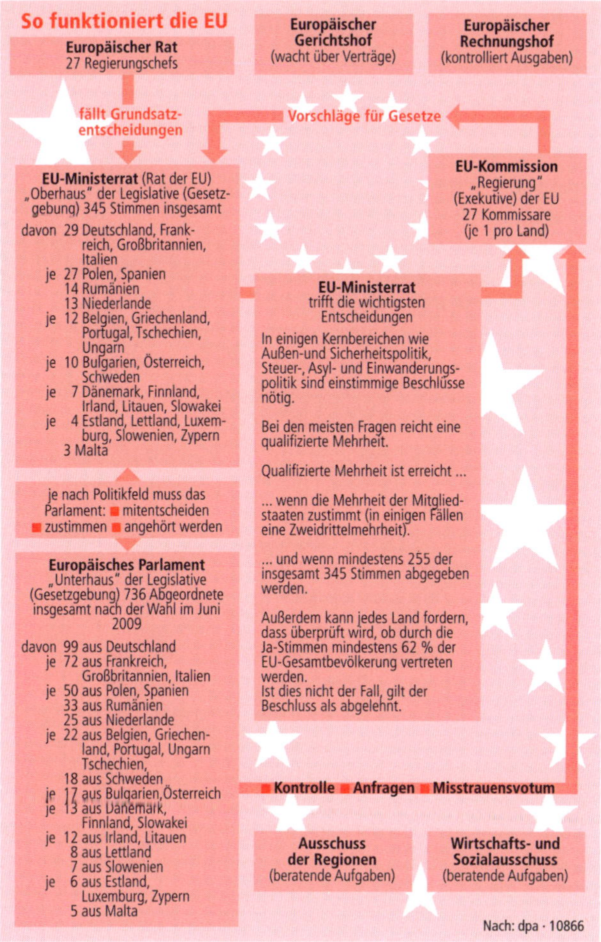

Dänemark, Finnland, Frankreich, Griechenland, Großbritannien, Irland, Italien, Luxemburg, Niederlande, Österreich, Portugal, Schweden und Spanien. 2004 traten bei: Estland, Lettland, Litauen, Polen, Tschechien, Ungarn, Slowenien, Malta und Zypern; 2007 Rumänien und Bulgarien. Um den Beitrittswunsch der Türkei gibt es anhaltende Diskussionen zwischen Befürwortern und Gegnern. Seit dem 1. 1. 1999 kann der **Euro** im bargeldlosen Zahlungsverkehr verwendet werden und gilt seit dem 1. 1. 2002 als allgemeines Zahlungsmittel in der EU.

■ **EUROPÄISCHE WIRTSCHAFTS- UND WÄHRUNGSUNION** Der Ministerrat der Europäischen Union beschloss im Jahre 1992 die Bildung einer europäischen Wirtschafts- und Währungsunion (**WWU**). In der WWU wurde die Wirtschafts- und Finanzpolitik der Teilnehmerstaaten einer Kontrolle durch die Gemeinschaftsorgane unterworfen. Ziel war es, die staatliche Verschuldung zu bremsen, um eine hohe Geldwertstabilität zu erreichen und eine Inflation (Geldentwertung) zu vermeiden. Ein wichtiges Ziel war die Errichtung einer Europäischen Zentralbank (EZB) in Frankfurt am Main, die – nach dem Vorbild der Deutschen Bundesbank – von Weisungen der Regierungen unabhängig ist. Mit der Einführung des Euros ist die Europäische Wirtschafts- und Währungsunion hergestellt.

■ **EUROPÄISCHER GERICHTSHOF** Der Europäische Gerichtshof, der seinen Sitz in Luxemburg hat, hütet die Gemeinschaftsverträge der Europäischen Union (EU) und überwacht ihre Einhaltung. Alle Streitigkeiten zwischen Mitgliedstaaten sind ihm vorzulegen. Seine Entscheidungen sind für die Organe und Mitgliedstaaten der EU verbindlich. Der Gerichtshof setzt sich aus 13 Richterinnen und Richtern zusammen, die von den Regierungen der Mitgliedstaaten im gegenseitigen Einvernehmen auf sechs Jahre ernannt werden.

■ **EUROPÄISCHER GERICHTSHOF FÜR MENSCHENRECHTE** Der Europäische Gerichtshof für Menschenrechte, der seinen Sitz in Straßburg hat, kann von jedem angerufen werden, der meint, dass seine in der Europäischen Konvention zum Schutze der Menschenrechte und Grundfreiheiten (↗ S. 103) garantierten Rechte durch einen Unterzeichnerstaat verletzt wurden. Voraussetzung ist allerdings, dass der Beschwerdeführer zuerst alle innerstaatlichen Rechtsmittel ausgeschöpft hat, bevor er sich an die Menschenrechtskommission wendet. Der Bericht der Kommission ist die Grundlage für die Behandlung der Beschwerde vor dem Europäischen Gerichtshof für Menschenrechte. Sein Urteil ist für den beklagten Staat verbindlich (↗ Europäischer Gerichtshof, S. 106).

■ EUROPÄISCHER RAT Der Europäische Rat ist die Gipfelkonferenz der Staats- und Regierungschefs der EU-Staaten. Er tritt mindestens zweimal im Jahr zusammen, um Grundsatzfragen der europäischen Politik zu erörtern und Leitlinien für die weitere europäische Einigung zu beschließen, wie z. B. die sogenannte Osterweiterung der EU. Die weitere Ausarbeitung der Ideen des Rates erfolgt durch den Ministerrat, der in wechselnder Besetzung mit den jeweiligen Fachministern der Mitgliedstaaten tagt (↗ Europäische Kommissiom, S. 103 und ↗ Europäisches Parlament, S. 107).

■ EUROPÄISCHES PARLAMENT Das Europäische Parlament ist das parlamentarische Organ der EU, ihre „Volksvertretung". Es tagt abwechselnd in Luxemburg und in Straßburg. Es wurde im Jahre 1979 zum ersten Mal von den Unionsbürgern direkt gewählt; es wird alle fünf Jahre gewählt. Das Europäische Parlament besitzt – im Unterschied zum Deutschen Bundestag – keine gesetzgeberische (legislative) Aufgabe; es hat nur kontrollierende und beratende Befugnisse. Es hat das Recht, zu den Gesetzesvorschlägen der Europäischen Kommission (↗ S. 103) eine Stellungnahme abzugeben und den EU-Haushalt zu beschließen. Und nur der Kommission gegenüber hat es ein Kontrollrecht, der es mit einer Zweidrittelmehrheit das Misstrauen aussprechen und sie so zum Rücktritt zwingen kann.

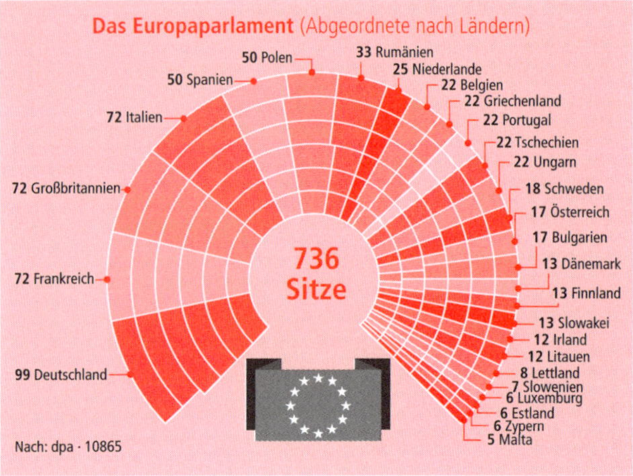

Das Europa-Parlament

■ EUROPARAT Der Europarat ist ein Zusammenschluss fast aller europäischen Staaten, der unabhängig von der Europäischen Union (↗ S. 104) ist. Im Jahre 1948 wurde der Europarat gegründet; sein Sitz ist in Straßburg. Die Bundesrepublik Deutschland trat dem Europarat 1951 bei. Der Europarat versteht sich vor allem als Einrichtung zum Schutz der Grund- und Menschenrechte; er ist also eine politische Wertegemeinschaft. Mitglieder des Europarates können deshalb nur Staaten sein, die sich zur Demokratie und zur Einhaltung der Menschenrechte (↗ S. 20) bekennen.

■ SCHENGENER ABKOMMEN Nach dem Ort Schengen in Luxemburg ist dieses Abkommen benannt, das im Jahre 1992 in Kraft trat. Inhalt des Vertrages ist die Abschaffung der Kontrollen an den EU-Binnengrenzen ab 1995. EU-Binnengrenzen sind Grenzen, die EU-Staaten gemeinsam miteinander haben, wie z. B. die deutsch-französische Grenze.

Das Ende der Kontrollen führte zu einer verbesserten Reisefreiheit in Europa, allerdings fehlen nun auch Sicherheitskontrollen an den Grenzen. Bei besonderen Anlässen, die verschärfte Sicherheitsmaßnahmen verlangen (z. B. Gipfeltreffen der Staats- und Regierungschefs), wird das Schengener Abkommen vorübergehend außer Kraft gesetzt.

■ **STABILITÄTSPAKT** Der Stabilitätspakt soll die Mitgliedsstaaten der EU zwingen, auch nach Einführung des Euros im Jahre 1999 (↗ Europäische Wirtschafts- und Währungsunion, S. 106) die Staatsverschuldung in engen Grenzen zu halten, um nicht die europäische Wirtschaft in eine Krise zu führen und die Stabilität des Euros zu gefährden (↗ Inflation, S. 48). So können gegen einen EU-Staat, dessen Neuverschuldung im Staatshaushalt mehr als 3 Prozent des Bruttoinlandsproduktes (↗ BIP, S. 45) beträgt, Strafmaßnahmen ergriffen werden (z.B. Geldbußen, die dem EU-Haushalt zugute kommen). Der EU-Ministerrat kann eine Aussetzung der Strafmaßnahme gewähren, wenn der betroffene Staat seine zu hohe Neuverschuldung glaubhaft als unausweichlich erklären kann.

■ **SUBSIDIARITÄTSPRINZIP** Damit ist gemeint, dass für die Einzelnen und ihre Familien die nächsthöhere Instanz der Gesellschaft und des Staates nur dann „unterstützend“ oder „ersatzweise eintretend“ (subsidiär) eingreifen darf, wenn es die „niedrigere“ Einheit aus eigenen Kräften nicht schafft, ihre Aufgaben zu lösen (Familie – Gemeinde – Bundesland – Staat – Europäische Union – UNO).
Für die Europäische Union (EU) bedeutet das, dass sie nur dort reglementierend eingreifen soll, wo die Zuständigkeiten des Nationalstaates überschritten werden (z. B. bei der Einführung einer gemeinsamen Währung). Für die Sozialpolitik heißt dies, dass die soziale Sicherung durch den Staat erst dann greift, wenn die Kräfte der Einzelnen und ihrer Familien überfordert werden (z. B. bei der Betreuung eines Pflegefalls).

Lern-Check: Teste dein Wissen!

Kapitel „Europäische Integration“	O.K. ✓	Das muss ich noch mal lesen
Ich kann die Kopenhagener Kriterien, die für die Aufnahme eines Staates in die EU gelten, darstellen und erläutern.		S. 102
Ich kann Rechte nennen und erläutern, die in der Europäischen Konvention zum Schutze der Menschenrechte und Grundfreiheiten garantiert sind.		S. 103
Ich kann erklären, warum der Maastrichter Vertrag ein wichtiger Schritt auf dem Weg der Europäischen Union war.		S. 104–106
Ich kann darlegen, warum der Europäische Gerichtshof für Menschenrechte für jeden einzelnen Bürger der EU Bedeutung erlangen kann.		S. 106, 107
Ich kann die Unterschiede in den Kompetenzen des Europäischen Parlaments und des Deutschen Bundestages darstellen.		S. 107
Ich kann die praktische Bedeutung des Schengener Abkommens zusammenfassen.		S. 108, 109
Ich kann die Ziele des Stabilitätspaktes der EU benennen.		S. 109
Ich kann mithilfe eines Beispiels das Subsidiaritätsprinzip erklären.		S. 109

Dritte Welt

DRITTE WELT Mit dem Ausdruck *Dritte Welt* werden unterentwickelte Staaten in Afrika, Asien und Südamerika bezeichnet. Als **Erste Welt** gelten die reichen Industriestaaten wie die USA, Kanada, Japan, Australien und die europäischen Staaten. Die Staaten des früheren Ostblocks, die Sowjetunion und die von ihr abhängigen Staaten wie Polen, Bulgarien, Rumänien und viele andere, nannte man die **Zweite Welt**.
Den **Entwicklungsländern** der Dritten Welt sind bestimmte Merkmale gemeinsam:

- Viele Menschen sind unterernährt oder einseitig ernährt, weil sie arm sind.
- Viele Menschen können nicht lesen und schreiben und sind ohne berufliche Ausbildung.
- Die meisten Menschen arbeiten in der Landwirtschaft. Die Erträge sind aber oft so niedrig, dass damit der Lebensunterhalt nicht gesichert werden kann.
- Viele Entwicklungsländer sind bei den Industrieländern hoch verschuldet: Die Entwicklungsländer verkaufen Rohstoffe und Lebensmittel (z. B. Kupfer, Erdnüsse, Tee, Bananen) und einfache Fertigwaren (z. B. Badesandalen, Körbe) an die Industrieländer. Diese verkaufen Güter, wie z. B. Autos oder Maschinen, die sehr teuer sind. Um diese bezahlen zu können, machen die Entwicklungsländer hohe Schulden.
- Die meisten Entwicklungsländer haben aber auch im Inneren viele Probleme: Sie sind weit von demokratischen Verhältnissen, der Einhaltung der Menschenrechte, der Gleichstellung der Frauen und sozialen Mindeststandards (z. B. Mindestlöhne, Alterssicherung) entfernt. Konflikte werden häufig in Bürgerkriegen ausgetragen.

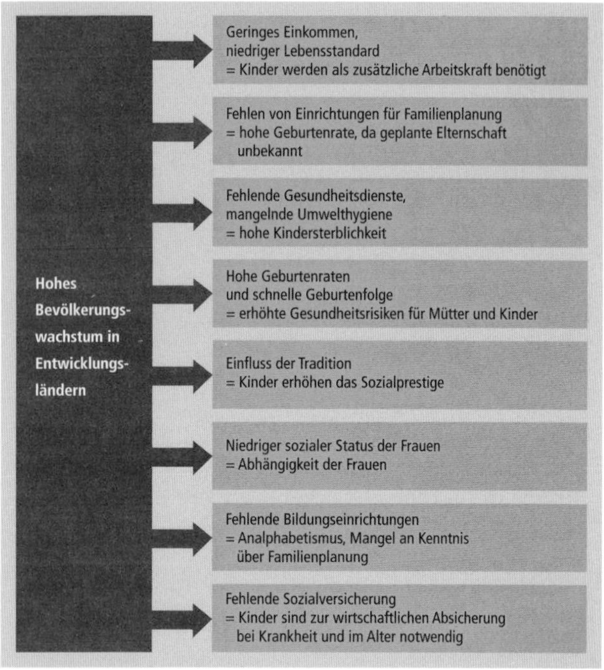

Probleme hoher Bevölkerungszahlen in Entwicklungsländern

- Oft dient die einheimische Elite nicht dem Wohl des Landes und der Verbesserung der Lebensverhältnisse für die gesamte Bevölkerung, sondern beutet das Land egoistisch aus.

■ ENTWICKLUNGSHILFE Ziel der Entwicklungshilfe ist die Verbesserung der wirtschaftlichen und sozialen Lebensverhältnisse der Menschen in den Entwicklungsländern, zu denen etwa 170 Staaten gezählt werden. Deshalb ist die wirtschaftliche Hilfe der Industrieländer am wichtigsten. Um dieses Ziel zu erreichen, werden folgende Maßnahmen ergriffen:

- Die Unterstützung durch Geld: Sie gibt es zum einen in Form von Zuschüssen, die von den Entwicklungsländern nicht zurückgezahlt werden müssen, zum anderen in Form von Krediten, die zurückzuzahlen sind. Das Geld soll zum Aufbau der heimischen Industrie und des Gewerbes verwendet werden oder um die landwirtschaftlichen Erträge zu verbessern.
- Technische Hilfe wird in der Form gewährt, dass Fachleute in die Entwicklungsländer geschickt werden, um dort die Bewohner so weit auszubilden, dass sie selbstständig mit den Neuerungen weiterarbeiten können. Mit diesen Maßnahmen sollen mehr Arbeitsplätze geschaffen werden, sodass die Menschen für sich selbst sorgen können (**Hilfe zur Selbsthilfe**).

Zur „normalen" Entwicklungshilfe kommt noch in aktuellen Notlagen die Hunger- und Katastrophenhilfe dazu. In den letzten Jahren hat man in den Geberländern erkannt, dass nicht nur die wirtschaftliche Lage, sondern die gesamten Lebensbedingungen der Menschen in den Entwicklungsländern verbessert werden müssen: Der Umwelt- und Klimaschutz, z. B. durch Stopp des Raubbaus an den Wäldern, die Sorge um das Trinkwasser, die Einhaltung der Menschenrechte (↗ S. 20) und die Förderung der Demokratie (↗ S. 14), die Verbesserung der Situation der Frauen und der Schutz der Kinder sind in den letzten Jahren Schwerpunkte der Entwicklungshilfe geworden.

INTERNATIONALER WÄHRUNGSFONDS Der internationale Währungsfonds, **IWF**, ist eine Sonderorganisation der UN (↗ Vereinte Nationen, S. 98–99), der 1945 gegründet wurde. Wichtigste Ziele waren die Austauschbarkeit (Konvertibilität) der Währungen zwischen den Staaten und die Einhaltung fester Wechselkurse zwischen den verschiedenen Währungen. Die Mitgliedsstaaten des IWF zahlen Geld in einen gemeinsamen Fonds (gemeinsamer Geldvorrat). Aus diesem Fonds des IWF kann ein Mitgliedsland vorübergehend Kredite erhalten. Der IWF verlangt aber von den Ländern, die Kredite erhalten, eine Änderung ihrer Wirtschaftspolitik, um die Probleme in der

Zahlungsbilanz zu beseitigen. Die Mitgliedsstaaten der OECD (↗ S. 94) haben vereinbart, 0,7 Prozent ihres Bruttoinlandsprodukts (↗ BIP, S. 45) für Entwicklungshilfe auszugeben. Diese Vorgabe wird jedoch selten eingelöst.

■ **KOLONIALISMUS** Mit Kolonialismus bezeichnet man die Unterwerfung außereuropäischer Staaten und Völker vor allem durch europäische Mächte, die durch politische Herrschaft abgesichert wird. Seit dem 16. Jahrhundert eroberten europäische Staaten wie z. B. Spanien, Portugal, England und Frankreich und die Niederlande Gebiete in Afrika, Asien und Amerika, die sie zu Kolonien machten. Der Höhepunkt des Kolonialismus war in der Zeit des **Imperialismus** (1870–1914). Die Kolonialstaaten suchten Rohstoffe, Absatzgebiete für ihre Produkte, Anlagemöglichkeiten für ihr Kapital und Auswanderungsgebiete für ihre Bevölkerung. Die Kolonialstaaten arbeiteten nicht zusammen, sondern sahen sich als Konkurrenten beim Wettlauf um die Gebiete auf der Erde, die noch nicht Kolonien geworden waren. Die Kolonie durfte sich nicht selbst regieren, sondern wurde vom sogenannten Mutterland beherrscht. Im 19. Jahrhundert wurde auch das Deutsche Reich Kolonialmacht. So gut wie alle ehemaligen Kolonien sind nach 1945 – z. T. nach blutigen Kriegen – selbstständige Staaten geworden.
Den Vorwurf des **Neokolonialismus** richtet man gegen Industriestaaten, die souveräne, aber von ihnen wirtschaftlich abhängige Staaten, in fortdauernder Abhängigkeit halten wollen.

■ **NORD-SÜD-KONFLIKT** Die reichen und entwickelten Industrieländer befinden sich fast alle auf der nördlichen, die armen und unterentwickelten Länder überwiegend auf der südlichen Erdhalbkugel. Weil sich der Abstand in der wirtschaftlichen Leistungsfähigkeit zwischen den Staaten des Nordens und des Südens immer weiter vergrößert, verlangen die Entwicklungsländer eine Änderung der Weltwirtschaft zu ihren Gunsten:

- Entwicklungsländer wollen ihre Waren in die Industrieländer einführen können, ohne dass ihnen hohe Einfuhrzölle auferlegt werden.
- Sie wollen für ihre Rohstoffe nicht schwankende, sondern auf Dauer stabile Preise.
- Sie wollen mehr Entwicklungshilfe und die Vermittlung von technischem Wissen.
- Sie wollen von den Industrieländern eine Reduzierung der drückenden Schulden, die sie bei diesen haben.

■ **SCHWELLENLÄNDER** sind Entwicklungsländer, die in ihrer Entwicklung den Abstand zu den Industrieländern verkleinert haben: Ein Drittel des Bruttosozialproduktes wird bereits durch die industrielle Produktion erreicht. Rohstoffe werden nicht nur exportiert, sondern bereits im eigenen Land verarbeitet. Eine grundlegende Infrastruktur (Straßen-, Eisenbahn-, Telefonnetz) ist vorhanden. Die Alphabetisierung, die durchschnittliche Lebenserwartung und das Pro-Kopf-Einkommen sind höher als im Durchschnitt der Entwicklungsländer. Aber auch der Energieverbrauch ist angestiegen und der Umweltschutz wird oft vernachlässigt. Etwa 20 von 130 Entwicklungsländern gelten als Schwellenländer (z. B. Südkorea, Indonesien, Taiwan, Brasilien, Mexiko, Argentinien, Iran). Der Begriff hat auch eine militärische Bedeutung: Es sind Staaten, die an der Entwicklung einer Atombombe arbeiten, wie z. B. der Iran.

■ **TERMS OF TRADE** ist der Maßstab für den Vorteil, den ein Land aus dem Außenhandel (Import und Export) zieht. Sie zeigen das Verhältnis des Exportpreisniveaus zum Importpreisniveau.
Zahlreiche Entwicklungsländer stehen vor dem Problem, dass die Preise für ihre Rohstoffe auf dem Weltmarkt gleich bleiben oder eher noch fallen (z. B. die Preise für Kaffee und Zucker), die Preise für Industriegüter, die sie importieren (z. B. Lastkraftwagen, Maschinen), aber steigen. In unserem Beispiel heißt das,

dass das Kaffee exportierende Land eine immer größere Menge Kaffee exportieren muss, um einen Lastkraftwagen importieren zu können. Diese Verschlechterung der Terms of Trade führt zu steigender Auslandsverschuldung der Entwicklungsländer und verlängert ihre Armut (↗ OECD, S. 94; ↗ WTO, S. 100).

■ **UNICEF** (*United Nations International Children's Emergency Fund*) ist das Weltkinderhilfswerk der Vereinten Nationen (UN) mit Sitz in New York. Die Organisation möchte den Kindern in den Entwicklungsländern helfen, damit sie besser ernährt und besser medizinisch versorgt werden, eine Schule besuchen und eine berufliche Ausbildung erhalten können.

■ **VIERTE WELT** Als „Vierte Welt" werden die Staaten aus der Gruppe der Entwicklungsländer bezeichnet, die die ärmsten unter ihnen sind. Die Mehrheit der Menschen dort ist besonders arm und kann weder lesen noch schreiben. Der Hunger bzw. die Gefahr des Verhungerns ist die größte alltägliche Bedrohung. Die meisten Staaten der Vierten Welt grenzen an die südliche Sahara in Afrika, von Mauretanien im Westen bis Somalia im Osten, insgesamt sind dies 29 Länder. In Südamerika zählt Haiti, in Asien zählen Afghanistan und Bangladesh zur Vierten Welt.

■ **WELTBANK** Die Weltbank wurde 1944 gegründet, um die im Zweiten Weltkrieg zerstörten Industrien wiederaufzubauen. Ziel der heutigen Weltbank, die ihren Sitz in Washington hat, ist es, den Lebensstandard in den Entwicklungsländern anzuheben. Die Weltbank vergibt Kredite, die sie auf dem internationalen Kreditmarkt aufnimmt oder aus den Einzahlungen der Mitgliedstaaten und aus den Einnahmen ihrer eigenen Kreditgeschäfte bezieht. Das Risiko, dass die Entwicklungsländer diese Kredite nicht mehr zurückzahlen können, wird auf alle Mitgliedstaaten der Weltbank gleichmäßig aufgeteilt.

Lern-Check: Teste dein Wissen!

Kapitel „Dritte Welt“	O. K. ✔	Das muss ich noch mal lesen
Ich kann Merkmale von Ländern der Dritten Welt benennen und erklären.		S. 111, 112
Ich kann darlegen, wie der Internationale Währungsfonds (IWF) den Geldkreislauf zwischen den Staaten organisiert und kann Probleme benennen, die sich daraus für die Entwicklungsländer ergeben.		S. 113, 114
Ich kann darstellen, welche wirtschaftlichen Forderungen Entwicklungsländer gegenüber den Industrieländern erheben.		S. 114, 115
Ich kann Unterschiede zwischen Schwellenländern und Entwicklungsländern benennen und erklären.		S. 115, 111, 112
Ich kann die Problematik der Terms of Trade erörtern.		S. 115, 116

9 Umwelt, Ökologie

ALTLASTEN Als Altlasten werden Umweltschäden aus früherer Zeit bezeichnet. In der Vergangenheit hat man giftige Abfälle oft aus Sorglosigkeit oder aus Unwissen um ihre Gefährlichkeit unsachgemäß gelagert. Heute gibt es ihre Verursacher, Fabriken, Berg- und Hüttenwerke oft nicht mehr, aber die Bodenvergiftung ist geblieben. Diese muss mit großem technischem und finanziellem Aufwand beseitigt werden.

ARTENSCHUTZ ist der Lebensschutz für Pflanzen und Tiere in der freien Natur. Seit dem Einsetzen der Industrialisierung vor 200 Jahren hat die Zahl der ausgestorbenen oder vom Aussterben bedrohten Pflanzen- und Tierarten ständig zugenommen. Zum Teil sind Veränderungen im Klima, zum größten Teil aber die Eingriffe des Menschen in die Natur dafür verantwortlich. Das sind vor allem die Be- und Zersiedelung der Landschaft, der zunehmende Verkehr und der Ausbau der Verkehrswege, die Intensivierung der Landwirtschaft und der Tourismus. Rechtliche Grundlage des Artenschutzes ist das **Washingtoner Artenschutzabkommen** von 1973. In der BRD ist es die **Bundesartenschutzverordnung** von 1977, die den Handel von in ihrem Überleben bedrohten Pflanzen und Tieren verbietet.

BLAUER ENGEL Das Umweltzeichen wird an Produkte vergeben, die im Vergleich mit anderen Produkten Umweltvorteile besitzen, z. B. Recycling-Papier oder Mehrweg-Flaschen, bestimmte Waschmittel, schadstoffarme Lacke, FCKW-freie sowie energiesparende Kühl- und Gefrierschränke (↗ Recycling, S. 123).

■ **EMISSION** Emission ist das *Austreten* von Stoffen sowie die *Ausbreitung* von Lärm. **Immission** ist die *Einwirkung* von Luftverunreinigungen, Strahlung und Lärm auf Lebewesen, Pflanzen und Gegenstände.

■ **ENERGIE** Die privaten Haushalte, das Handwerk und die Industrie benötigen Energie. Der größte Teil dieser Energie wird durch die Verbrennung fossiler Stoffe erzeugt: Holz, Kohle, Erdöl und Erdgas. Fossil bedeutet, dass diese Stoffe vor Millionen von Jahren entstanden sind und aus der Natur abgebaut werden. Die weltweite Zunahme der Verbrennung dieser Energieträger belastet zunehmend in gefährlicher Weise die Umwelt (↗ Klimakatastrophe, S. 121). Aber auch die Kernenergie (**Atomenergie**), die Ende der 1960er-Jahre als „saubere" und wichtigste Energiequelle der Zukunft galt, ist politisch nicht mehr akzeptiert, weil zum einen die Endlagerung des atomaren Abfalls nicht gelöst ist, und zum anderen viele Menschen Angst vor Reaktorunfällen und deren Konsequenzen haben.
Statt der Erschließung neuer Energiequellen ist heute die Energieeinsparung ein vorrangiges Ziel. Die Abwärme, die bei der Energieerzeugung anfällt, kann zur Beheizung von Gebäuden verwendet werden (Kraft-Wärme-Koppelung); die Wärmedämmung der Gebäude, energiesparende Geräte und vieles andere. 9
Für die Zukunft werden die nicht erschöpflichen, die sogenannten **regenerativen Energieträger**, eine wichtige Rolle spielen: Sonne, Wind, Wasser, Erdwärme und Biomasse (↗ Erneuerbare Energien, S. 127).

■ **FREIWILLIGES ÖKOLOGISCHES JAHR** Das FÖJ ist eine Alternative zum Freiwilligen sozialen Jahr (↗ S. 67). Das FÖJ können Jugendliche und junge Erwachsene im Alter von 16 bis 27 Jahren ableisten. Der Dienst dauert 12 Monate. Die Jugendlichen arbeiten z. B. bei der Pflege von Biotopen, Gewässern und Naturschutzgebieten oder in der Öffentlichkeitsarbeit für den Umweltschutz mit. Sie erhalten freie Unterkunft, Verpflegung,

Arbeitskleidung und ein Taschengeld. Zu den Trägern des FÖJ gehören die Umweltministerien der Bundesländer sowie die Naturschutz- und Umweltverbände.

■ GRÜNER PUNKT Die Plakette ist auf vielen Verpackungen zu sehen. Die Kennzeichnung besagt, dass diese Verpackungen von der Haustür abgeholt, also gesammelt, sortiert und verwertet werden. Seit 1993 müssen Hersteller und Handel alle Verkaufsverpackungen zurücknehmen und wieder verwerten (recyclen).
Um dieser Pflicht nachzukommen, gründeten rund 600 Unternehmen das **Duale System Deutschland** (DSD). Unternehmen können sich kostenpflichtig diesem System anschließen und dafür auf ihre Verpackungen ein Kennzeichen – den „Grünen Punkt“ – aufdrucken. Das System hat den Nachteil, dass damit die Entstehung von Müll nicht verhindert wird (↗ Müll, S. 121 und ↗ Recycling, S. 123).

■ KERNENERGIE Im Jahre 1938 entdeckten Wissenschaftler, dass bei der Spaltung oder Verschmelzung von Atomkernen Energie freigesetzt wird. Diese Entdeckung wurde zunächst militärisch genutzt und führte zum Bau der ersten Atom- und Wasserstoffbomben. Die friedliche Nutzung der Kern- bzw. **Atomenergie** zur Stromerzeugung begann in der Bundesrepublik 1960 und wurde nach der sogenannten Ölkrise 1973 verstärkt ausgebaut, um von Erdöleinfuhren unabhängiger zu werden. Doch bald zeichnete sich eine Ablehnung der Atomkraftwerke ab, die Gefahren schienen zu groß zu sein. Die schweren Reaktorunfälle in Harrisburg (USA), 1979, und in Tschernobyl (Ukraine), 1986, verstärkten die Ablehnung, zumal das Problem der Entsorgung der atomaren Abfälle nicht gelöst wurde. Die Verteidiger der Kernenergie verweisen darauf, dass nur mit Atomkraftwerken wirkungsvoll die weltweite Zunahme von Kohlendioxid gestoppt werden kann, das durch die Verbrennung der fossilen Energieträger (Holz, Kohle, Erdöl, Gas) entsteht und das zur befürchteten ↗ Klimakatastrophe beiträgt (↗ Energie, S. 119).

KLIMAKATASTROPHE Wissenschaftler (Klimatologen) vermuten, dass sich in den kommenden Jahrzehnten die Erdatmosphäre wesentlich verändern wird. Hervorgerufen wird diese Änderung durch die industriellen Emissionen (↗ S. 119), die zur Erwärmung der Erdatmosphäre führen: Die Erde wird von der Sonne erwärmt und strahlt einen Teil dieser Wärme wieder ab. Diese Wärmeabstrahlung wird in der Erdatmosphäre vom Kohlendioxid aufgenommen und kann nicht mehr ungehindert in den Weltraum entweichen. Die so gebundene Sonnenenergie wird wieder auf die Erde reflektiert und sorgt zusätzlich für deren Erwärmung. Da dieser Vorgang mit der Erwärmung in einem Gewächshaus vergleichbar ist, spricht man von einem **Treibhauseffekt**. Das Kohlendioxid trägt etwa zur Hälfte zum Treibhauseffekt bei, das vor allem durch den wachsenden Autoverkehr entsteht; daneben spielen Fluorchlorkohlenwasserstoffe (FCKW), Methan, Ozon, Distickstoffoxid und Wasserdampf eine Rolle. Wird die Entwicklung nicht gestoppt, so rechnen die Wissenschaftler mit einem Anstieg des Meeresspiegels, der Verschiebung der Klimazonen, der Zunahme von Unwettern und Umweltkatastrophen und einer Verschlechterung der Ernährungslage in der Dritten Welt.

MÜLL Alle Bundesbürger zusammen häufen jährlich 290 Mio. Tonnen Müll an. Den größten Anteil am Müll stellt der Hausmüll, dann kommen noch die Abfälle aus Gewerbebetrieben und der Industrie, Sperrmüll, Straßenkehricht und Marktabfälle dazu. Zwei Drittel des Mülls landen auf Deponien, der Rest wird kompostiert oder in Verbrennungsanlagen entsorgt. Da immer weniger Deponieflächen zur Verfügung stehen und gegen die Müllverbrennungsanlagen in der Bevölkerung Befürchtungen wegen Gefahren für die Gesundheit bestehen, ist es das Ziel, die insgesamt anfallende Müllmenge zu verkleinern. Sondermüll, z. B. Chemikalien und Batterien, muss zu den Sondermüllsammelstellen gebracht werden (↗ Recycling, S. 123).

ÖKOLOGIE ist die Wissenschaft, die die Wechselbeziehungen zwischen Mensch, Natur und Umwelt erforscht. Für den Umweltschutz sind die ökologischen Erkenntnisse sehr wichtig, denn es geht darum, dass die Menschheit auf der einen Seite die Wirtschaft, die Industrie und den Verkehr (die Ökonomie) braucht, auf der anderen Seite aber Gefahr läuft, durch ihr ökonomisches Handeln ihre ökologischen Lebensgrundlagen zu zerstören. Das Ziel muss daher sein, Ökonomie und Ökologie, vor allem mithilfe des Umweltschutzes (↗ S. 124), in Einklang zu bringen.

OZONSCHICHT Die ultraviolette Strahlung der Sonne bewirkt, dass in den oberen Schichten der Erdatmosphäre, in der Höhe von etwa 20 bis 45 km über der Erdoberfläche, eine schützende Ozonschicht gebildet wird, die verhindert, dass die schädliche UV-Strahlung der Sonne bis zur Erde vordringt. Durch die Schädigung dieses schützenden Ozongürtels (**Ozonloch**), die vor allem auf die Fluorchlorkohlenwasserstoffe (FCKW) zurückgeführt wird, können Veränderungen im Klima und Störungen der Lebensvorgänge bei Pflanzen (Wachstumsstörungen) und Menschen (Hautkrebs, Augenschäden, Immunschwäche) auftreten.

1990 verpflichteten sich 83 Staaten, auf die Herstellung und den Verbrauch von FCKW bis zum Jahr 2000 zu verzichten. Aufgrund der sehr langen Verweildauer der FCKW in der Atmosphäre zeichnet sich jedoch keine schnelle Besserung ab. Die Fluorchlorkohlenwasserstoffe werden vor allem als Kühlmittel in Kühlaggregaten (z. B. Kühlschränken), als Treibmittel in Spraydosen und in der Kunststoffproduktion eingesetzt. Zum bodennahen Ozon: ↗ Smog, S. 123.

■ RECYCLING Ein großer Teil des Mülls kann wieder verwendet werden – Müll ist Rohstoff. Das Herstellen neuer Produkte aus Altstoffen nennt man *Recycling* bzw. *recyclen*. Voraussetzung für das Recyclen ist aber, dass der Müll getrennt gesammelt bzw. sortiert wird. Aus Altglas entstehen dann neue Flaschen und Gläser, aus Altpapier wieder neues Papier und Kartons. Auch Metalle und Kunststoffe können wieder verwertet werden. Die Recycling-Produktion hilft auch Energie zu sparen. Bei der Papierherstellung aus Altpapier z. B. ist zwanzig Mal weniger Wasser als bei der Herstellung von neuem Papier nötig.

■ SMOG Das Wort „Smog" stammt aus dem Englischen; es ist zusammengesetzt aus *smoke* (Rauch) und *fog* (Nebel). Man unterscheidet den Wintersmog und den Sommersmog voneinander:
Der **Wintersmog** bildet sich in Ballungsgebieten bei austauscharmer Witterung (der **Inversion**) aus einer Mischung aus natürlichem Nebel mit Abgasen aus Heizungen, der Industrie und des Autoverkehrs. Die Schadstoffe des Wintersmogs sind vor allem Schwefeldioxid und Ruß.
Der **Sommersmog** wird vor allem durch atmosphärische Schadstoffe gebildet, die unter dem Einfluss der Sonnenstrahlung, meistens mittags, entstehen. Die Ausgangssubstanzen sind vor allem Schwefeldioxid, Stickoxide und verschiedene Kohlenwasserstoffe aus Autoabgasen. Die photochemischen Umwandlungsprozesse führen zur Bildung von Schadstoffen wie Ozon, Peroxyacetylnitrat (PAN) und Stickstoffoxiden. Sommersmog kann beim Menschen Bronchitis verursachen und verstärken sowie verschiedene Allergien auslösen. Noch stärker werden Pflanzen geschädigt: Ihre Wasseraufnahme und Photosynthese werden stark gehemmt, was zu großen Ernteverlusten führt. An den bestehenden Alarmplänen wird kritisiert, dass sie erst dann in Kraft treten, wenn bestimmte Grenzwerte bereits überschritten sind, sie also die Entstehung des Sommersmogs nicht verhindern.

UMWELTSCHUTZ Unter Umweltschutz versteht man alle Maßnahmen, die dazu beitragen, die natürlichen Lebensgrundlagen für Pflanzen, Tiere und Menschen zu erhalten oder wiederherzustellen. Der moderne Umweltschutz ist eine Reaktion auf die Störung und Zerstörung des ökologischen Gleichgewichtes durch die Industrialisierung in den letzten 200 Jahren.

Zum Umweltschutz zählen viele Maßnahmen wie z. B.:
- Abfallentsorgung und -vermeidung
- Immissions- und Emissionsschutz
- Natur- und Landschaftsschutz
- Maßnahmen zur Reinhaltung der Luft, des Wassers und des Bodens
- Lärmschutz

Mittel der Umweltschutzpolitik können sein:
- Investitionen zur Beseitigung oder Verhinderung von Umweltschäden (wie z. B. Rauchgasentschwefelungsanlagen)
- Verbote (wie z. B. von FCKW, den Fluorchlorkohlenwasserstoffen, die die Ozonschicht angreifen)
- die **Umweltverträglichkeitsprüfung** (UVP) – seit 1985 in der EG vorgeschrieben –, gilt für alle größeren Bauvorhaben
- strafrechtliche Verfolgung von „Umweltsündern“
- Besteuerung umweltbelastenden Verhaltens (z. B. Auto fahren)
- Steuerbegünstigung umweltfreundlichen Verhaltens (z. B. des öffentlichen Personennahverkehrs)
- die Raumordnung (z. B. Trennung von Industrie- und Wohngebieten)
- Erhaltung und Schutz von Naherholungsgebieten

Lern-Check: Teste dein Wissen!

Kapitel „Umwelt, Ökologie“	O. K. ✓	Das muss ich noch mal lesen
Ich kann erklären, warum weltweit die Zahl der Pflanzen- und Tierarten zurückgeht.		S. 118
Ich kann wiedergeben, was Waren mit dem Blauen Engel auszeichnet.		S. 118
Ich kann den Unterschied zwischen Emission und Immission darlegen.		S. 119
Ich kann fossile von regenerativen Energieträgern unterscheiden.		S. 119
Ich kann erklären, was der Grüne Punkt auf Verpackungen bedeutet.		S. 120
Ich kann mindestens ein Argument sowohl der Gegner als auch der Befürworter der Kernenergie anführen.		S. 120, 121
Ich kann mögliche Folgen der befürchteten Klimakatastrophe darlegen.		S. 121
Ich kann Vorteile des Recycling aufzählen.		S. 123
Ich kann an mehreren Beispielen verdeutlichen, welche Maßnahmen zum Umweltschutz eingesetzt werden können.		S. 124

10 Zukunft

AGENDA 21 ist ein globales Umweltprogramm, das im Jahre 1992 auf der UN-Konferenz für Umwelt und Entwicklung in Rio de Janeiro (Brasilien) verabschiedet wurde. 178 Staaten nahmen teil und beschlossen, den Umwelt- und Artenschutz für Tiere und Pflanzen zu verbessern, die Armut auf der Welt zu bekämpfen, soziale Gruppen und die Nichtregierungsorganisationen (↗ NGO, S. 94) zu stärken. Ins Zentrum wurde der Begriff der nachhaltigen Entwicklung (↗ Nachhaltigkeit, S. 131) gestellt, das heißt, dass bei Veränderungen der Lebens- und Umweltbedingungen immer die Verantwortung für künftige Generationen mitbedacht werden muss. Es wurde nur eine allgemeine Absichtserklärung verabschiedet. Die Konferenz in New York 1997 stellte fest, dass sich die Umweltbedingungen weiter verschlechtert hatten und konkrete Maßnahmen im Sinne der Agenda 21 unterblieben waren.

BEVÖLKERUNGSENTWICKLUNG Die Weltbevölkerung umfasste im Jahre 2009 schätzungsweise 6,8 Milliarden Menschen. Im Jahre 2011 wird mit 7 Milliarden Menschen gerechnet. Das Wachstum der Erdbevölkerung hat sich seit 1990 verlangsamt. Allerdings ist die Bevölkerung auf der Erde sehr ungleich verteilt. Den größten Zuwachs an Menschen gibt es in Ost und Südasien (z. B. China und Indien) und in Afrika. In den Industriestaaten wächst die Bevölkerung sehr langsam, in Deutschland geht sie sogar zurück. Das zeigt, dass ein direkter Zusammenhang zwischen dem erreichten Wohlstand und der Anzahl der Kinder besteht. Die Verbesserung der medizinischen und hygienischen Verhältnisse hat auch dazu geführt, dass die Säuglingssterblichkeit zurückgegangen ist.

Die Probleme der **Überbevölkerung** zeigen sich in den sogenannten Megastädten, das sind Ballungsräume mit mehr als 10 Millionen Menschen. Das fruchtbare Ackerland wird knapper, die Gefahr des Wüstenwachstums hat zugenommen, immer mehr Menschen fehlt der Zugang zu sauberem und ausreichendem Trinkwasser und die Rohstoffe der Erde werden knapper. Die Verfügung über die Rohstoffe ist sehr ungleich verteilt: Die Länder mit dem höchsten Einkommen (z.B. USA, EU, Japan) machen zwar nur 15 Prozent der Weltbevölkerung aus, verbrauchen aber mehr als die Hälfte der Weltenergie.

■ **EMISSIONSRECHTEHANDEL** ist ein Instrument der Umweltpolitik mit dem Ziel des Klimaschutzes. Für die Klimaveränderung auf der Erde ist in erster Linie die Emission von Kohlendioxid, aber auch von Methan, Distickstoffoxid und anderen Stoffen verantwortlich. Deswegen ist im Kyoto-Protokoll (↗ S. 130) vereinbart worden, wieviel Tonnen dieser Gase die Länder emittieren dürfen und zu welchen Stufen der Zurückführung dieser Emissionen sie sich verpflichten. Dazu gibt es Emissionszertifikate, die die Emission einer bestimmten Menge eines bestimmten Gases gestatten. Diese werden an die Unternehmen vergeben. Unternehmen, die mehr Zertifikate benötigen, weil sie mehr die Umwelt belastende Gase ausstoßen als sie dürfen, müssen Zertifikate von anderen Unternehmen kaufen, die weniger benötigen, weil sie den verlangten Klimaschutzzielen schon näher gekommen sind. So entsteht ein Emissionsrechtehandel, denn jedem Unternehmen ist es nun freigestellt, ein Emissionszertifikat zu kaufen oder Geld in die Umwelt entlastende Technologien zu investieren.

■ **ERNEUERBARE ENERGIEN,** die auch regenerative Energien genannt werden, sind Energien aus nachhaltigen Quellen, die entweder nachwachsen oder unerschöpflich sind. Regenerative Energie wird in folgenden Formen genutzt: Bioenergie (Biodiesel, Biogas, Biomasse, Pflanzenöl), Geothermie (= Erd-

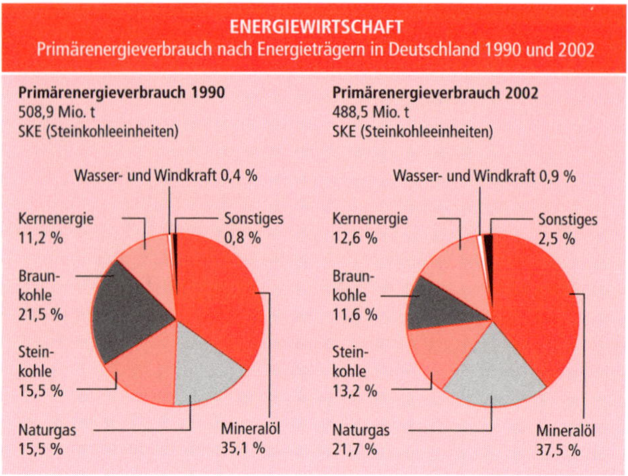

Verbrauch fossiler und erneuerbarer Energien

wärme), Gezeitenkraftwerk (nutzt Ebbe und Flut), Solarenergie (voraussichtliche Brenndauer der Sonne: noch 5 Milliarden Jahre), Wasserkraft (Flusskraftwerke, Stauseen) und Windenergie (Windräder). Nach dem Gesetz über erneuerbare Energien soll der Anteil von Wind-, Wasser- und Sonnenenergie in Deutschland bis zum Jahre 2010 auf mehr als 12 Prozent steigen.

■ **GENTECHNOLOGIE** Mit Gentechnologie (oder **Gentechnik, Genmanipulation**) sind Kenntnisse oder Verfahrensweisen gemeint, mit deren Hilfe das Erbgut, dessen Träger die Gene sind, von Organismen aller Art beeinflusst werden können. Gene können isoliert, gezielt verändert, in einen andern Organismus verpflanzt oder neu kombiniert werden. Das Neue an der Gentechnologie ist, dass mit ihr Manipulationen (Veränderungen) direkt am Erbgut vorgenommen werden können, wie sie in herkömmlicher Weise, z. B. durch Kreuzen, nicht möglich sind. Die Gentechnologie wird auf vielfältige Weise eingesetzt: in der

medizinischen Forschung, zur Produktion von Arzneimitteln, zur Steigerung der Qualität und Haltbarkeit von Lebensmitteln, bei der Herstellung widerstandsfähiger Nutzpflanzen und bei der Abfallentsorgung.
Eine große Befürchtung ist, dass die Gentechnologie zur Veränderung des menschlichen Erbgutes eingesetzt wird. Im Bereich der Fortpflanzungsmedizin wurde die Anwendung der Gentechnologie in der BRD 1990 durch das **Embryonenschutzgesetz** geregelt. Darin werden die gezielte Erzeugung und Verwendung menschlicher Embryonen zu Forschungszwecken, die Übertragung von Genen, die gezielte Kreuzung von menschlichen und tierischen Zellen und die gezielte Festlegung des Geschlechtes des zukünftigen Kindes unter Strafe gestellt.

■ **GLOBAL GOVERNANCE** Mit diesem Ausdruck verbindet sich die Vorstellung, die Globalisierung politisch zu gestalten und zu ordnen. In diesem Prozess der Global Governance sollen die Regierungen der Staaten, internationale Organisationen, transnationale Unternehmen und Nichtregierungsorganisationen (↗ NGO, S. 94) zusammenarbeiten. Global Governance ist nicht mit der Idee einer Weltregierung (Global Government) zu verwechseln.

■ **GLOBALISIERUNG** bedeutet die Durchsetzung des Freihandels auf der ganzen Welt, das heißt, dass der Austausch von Gütern und Dienstleistungen nicht durch Handelsbeschränkungen und Grenzen behindert wird (↗ Protektionismus, S. 96). Weiter bedeutet Globalisierung, dass die internationale Verflechtung in allen Bereichen der Wirtschaft zunimmt (*global player* sind Unternehmen, die weltweit agieren). Das weltweite Zusammenwachsen („global village“) der Märkte und Volkswirtschaften wird durch die vielen Erfindungen und Verbesserungen der Informations- und Kommunikationstechnologie ermöglicht (vor allem durch das Internet); als Weltsprache wird Englisch benutzt. Durch die enorm gestiegene Leistungsfähigkeit des

Transportwesens (z. B. Containertransport) können immer mehr Waren immer schneller um den ganzen Globus transportiert werden. Besonders stark ausgeprägt ist das globale Zusammenwachsen der Finanz- und Kapitalmärkte; auch hier besteht die Möglichkeit, mithilfe des Internets rund um die Uhr am Börsen- und Aktiengeschäft teilzunehmen. Die globalisierte Wirtschaft führt zu einer immer stärkeren Standardisierung der Produkte und der Lebensgewohnheiten und Lebensstile (Essen, Kleidung, Freizeit und Unterhaltung u. a.) und auch der Leitbilder und Wertvorstellungen („Amerikanisierung").
Zu den Schattenseiten der Globalisierung zählt, dass sie zunächst zu Arbeitslosigkeit und zum Abbau sozialstaatlicher Standards in den Industrieländern führt. Unternehmen verlagern die Produktion in Länder, in denen niedrige Löhne und niedrige Steuern gezahlt werden, weniger Umweltauflagen gelten und die Rechte der Gewerkschaften schwach sind. Ein großes Problem ist, dass zwar die Volkswirtschaften der nationalen Gesetzgebung unterliegen, aber nicht die globale Wirtschaft, für deren Regelung es eine Weltgesetzgebung bräuchte.
Die Befürworter der Globalisierung sehen diese Probleme als Übergangsphase an. Sie betonen die ungeheuren Chancen für die bisher ärmeren Länder, durch die Deregulierung der Märkte Arbeitsplätze für ihre Bevölkerung und Absatzmärkte für ihre Waren zu gewinnen. Durch die Freiheit der Märkte würden sich auch die Ideen von Demokratie und Menschenrechten weltweit durchsetzen. Widerstand gegen die Globalisierung (gegen die kulturelle, nicht die wirtschaftliche) gibt es vor allem in der islamischen Welt, aber auch von vielen Bürgerbewegungen weltweit, die darauf hinweisen, dass von der Globalisierung nur die Reichen, und zwar sowohl in den Industrie- als auch in den Entwicklungsländern, profitieren (↗ Global Governance, S. 129).

■ **KYOTO-PROTOKOLL** Das Kyoto-Protokoll wurde in der japanischen Stadt Kyoto verhandelt und 1997 verabschiedet. Es ist ein internationales Abkommen zum Klimaschutz; es schreibt verbindliche Ziele für die Verringerung des Ausstoßes sogenannter Treibhausgase fest, die als Auslöser der globalen Erderwärmung gelten (↗ Treibhauseffekt, S. 121). Die Zunahme dieser Spurengase, zu denen vor allem Kohlendioxid, Methan und die das Ozon zersetzenden Fluorchlorkohlenwasserstoffe (FCKW) zählen, wird hauptsächlich auf menschliche Aktivitäten zurückgeführt. Das Abkommen tritt jedoch erst dann in Kraft, wenn 55 Staaten, welche zusammen mehr als 55 Prozent der Kohlenstoffdioxid-Emissionen verursachen, das Abkommen ratifizieren, also die jeweiligen Parlamente den Vertrag bestätigen. Das Protokoll konnte aber zunächst nicht in Kraft treten, weil wichtige Staaten, wie Russland, die USA und Australien das Abkommen nicht ratifizierten und so die Hürde der 55 Prozent der Kohlenstoffdioxid-Emissionen nicht übersprungen wurde. Um die Ziele des Kyoto-Protokolls nicht ganz aufzugeben, wurde der Emissionsrechtehandel (↗ S. 127) eingeführt. Bis zum Jahre 2003 hatten alle EU-Staaten das Protokoll ratifiziert. 2005 ist Russland beigetreten; damit wurde das Protokoll völkerrechtlich verbindlich. 2007 ist Australien beigetreten. Heute sind 188 Staaten Parteien des Protokolls. Die USA, der größte Industriestaat der Erde, ist bis heute dem Protokoll nicht beigetreten. Auf den jährlichen Weltklimagipfeln wird verhandelt, wie es mit dem Kyoto-Protokoll nach dem Jahre 2012 weitergehen soll.

■ **NACHHALTIGKEIT** Politische und wirtschaftliche Nachhaltigkeit bedeutet eine Art und Weise des Wirtschaftens, welche die Lebensqualität nicht nur der heutigen, sondern auch der zukünftigen Generationen im Blick behält. Der Gedanke der Nachhaltigkeit stammt aus der Forstwirtschaft, nämlich aus der Erkenntnis, dass ein Wald nur dann langfristig erhalten und genutzt werden kann, wenn nicht mehr Holz eingeschlagen wird als nachwachsen kann. Heute wird der Begriff vor allem in Verbindung mit der Umwelt- und Entwicklungspolitik verwendet. Auf die Umweltpolitik angewandt bedeutet das Nachhaltigkeitsprinzip, dass die Einbringung von Schadstoffen in die Natur nur in der Menge erfolgen darf, in der die Natur diese Änderungen auffangen kann, und zwar so, dass die natürlichen Lebensgrundlagen auch für künftige Generationen erhalten bleiben („Generationengerechtigkeit“).

■ **RISIKOGESELLSCHAFT** ist die Bezeichnung für die moderne Industriegesellschaft, in der die Umweltzerstörung und der Einsatz moderner Technik, wie z. B. Atomkraftwerke, der chemischen Industrie, der Gentechnik hohe Sicherheitsrisiken mit sich bringen. Zwar ist die statistische Wahrscheinlichkeit, dass ein großer Unfall tatsächlich eintritt, nur gering, doch könnten Unfälle in diesen Bereichen schnell zu Katastrophen anwachsen. Die Risiken, die z. B. von der Umweltzerstörung ausgehen, lassen sich nicht national, sondern nur international eingrenzen (↗ Kyoto-Protokoll, S. 130), wobei die reichen Länder mehr Risiken schaffen, sich aber auch besser vor ihnen schützen können.

■ **UMWELTSCHÄDEN** Die zunehmende Luftverschmutzung zeigt sich in Erscheinungen wie Smog (↗ S. 123), Treibhauseffekt (↗ S. 121) und saurem Regen (der aus der Umwandlung von Schwefeldioxid und Stickstoffoxiden zu Schwefelsäure und Salpetersäure entsteht), der zum sogenannten **Waldsterben** beiträgt. Weltweit gehen die Waldflächen zurück, was zu immer häufigeren Überschwemmungen beiträgt. Die Folgen der Zerstörung der tropischen Regenwälder auf das Klima sind noch nicht abzusehen. Wind- und Wassererosion tragen zum Rückgang des nutzbaren Ackerlandes bei. Die Anzahl schwerer Stürme nimmt weltweit zu. Entwaldung, Überweidung der Böden und nicht angepasster Ackerbau führen zur Gefahr des **Wüstenwachstums**. Vom Vordringen der Wüsten sind eine Milliarde Menschen betroffen; ein Drittel der Erdoberfläche oder mehr als vier Mrd. Hektar sind dadurch gefährdet. China verliert durch Wüstenbildung jährlich 2.550 Quadratkilometer Land, 40 Prozent der Bevölkerung Afrikas lebt in gefährdeten Gebieten.

Lern-Check: Teste dein Wissen!

Kapitel „Zukunft“	**O. K. ✓**	**Das muss ich noch mal lesen**
Ich kann erklären, was erneuerbare Energien sind und ihren Einsatz an mehreren Beispielen darlegen.		S. 127, 128
Ich kann erörtern, welche Chancen und welche Risiken die Gentechnologie mit sich bringt.		S. 128, 129
Ich kann darlegen, was „Globalisierung“ wirtschaftlich, politisch und kulturell bedeutet.		S. 129, 130
Ich kann erörtern, warum die einen in der Globalisierung mehr Vorteile und die anderen mehr Nachteile sehen.		S. 129, 130
Ich kann die Ziele des Kyoto-Protokolls benennen.		S. 130, 131
Ich kann erklären, warum die größten Industriestaaten der Erde dem Kyoto-Protokoll beitreten müssen, um die dort formulierten Ziele zu erreichen.		S. 130, 131
Ich kann darlegen, was Nachhaltigkeit bedeutet.		S. 131, 132
Ich kann zusammenfassen, was man unter dem Begriff „Risikogesellschaft“ versteht.		S. 132
Ich kann Umweltschäden benennen und an mehreren Beispielen verdeutlichen.		S. 132

11 Internet-Adressen

Für den Themenbereich Politik/Sozialkunde gibt es eine nicht überschaubare Anzahl von Internet-Adressen der politischen Institutionen, Parteien, Verbände, Organisationen, Vereine und vieler formeller und informeller Gruppen. Bei der Suche nach einer Internet-Adresse helfen die bekannten Suchmaschinen und Schlagwortkataloge wie www.google.de, www.yahoo.de.
Für Schülerinnen und Schüler bietet der Deutsche Bildungsserver www.dbs.schule.de mit Links zu den Landesbildungsservern und vielen weiteren Links ebenso wie die Adresse www.learn-line.nrw.de sehr viele und sehr gute Informationen an. Seiten für Kinder und Jugendliche, die für eine erste Information gut geeignet sind, sind unter www.kinderpolitik.de, www.die-kinder-uni.de sowie www.blinde-kuh.de zu finden.
Im Folgenden kann nur ein sehr kleiner Ausschnitt aus dem unendlichen Angebot der Adressen gegeben werden.

▶ POLITISCHES SYSTEM

Unter www.bundesregierung.de erschließen sich die Bundesregierung, über Links alle Bundesministerien.
Die Parteien lassen sich über ihre Kürzel (z. B. www.cdu.de oder www.gruene.de) aufrufen, über Links erfährt man etwas über ihre Jugendorganisationen.
Die Bundeswehr stellt sich unter www.bundeswehr.de vor, die Kriegsdienstverweigerer sind unter www.dfg-vk.de zu finden.
Über Extremismus informiert der Bundesverfassungsschutz unter www.verfassungsschutz.de, über Links sind auch die Landesämter für Verfassungsschutz zu finden.
Eine wichtige Adresse zur Beschaffung von Informationen ist die Bundeszentrale für politische Bildung: www.bpb.de.

▶ RECHT

Einen Überblick über das Rechtswesen geben die Adressen www.recht.de und www.123recht.de. Das Bundesministerium der Justiz ist unter www.bmj.bund.de, das Bundesverfassungsgericht unter www.bundesverfassungsgericht.de zu finden.
Wichtige und bekannte Organisationen, die sich mit den Problemen der Ungerechtigkeit in der Welt befassen, sind zum Beispiel Amnesty International, www.amnesty.de, und terre des hommes, Hilfe für Kinder in Not, www.tdh.de.
Rechtsfälle des Alltags werden in den Tages- und Wochenzeitungen und im Fernsehen besprochen (↗ Medien), z. B. in der Sendung „Recht brisant. Gerichtsreporter berichten" auf 3sat (www.3sat.de, Link: „Ratgeber").

▶ WIRTSCHAFT UND ARBEITSWELT

Einen Überblick über das Thema erhält man über die Portalseiten der Suchmaschinen.
Weitere sehr wichtige Seiten sind die des Bundesministeriums für Wirtschaft und Technologie, www.bmwi.de, der Arbeitgeber, www.bdax-online.de, aber auch der Gewerkschaften, www.dgb.de, und des Arbeitsamtes, www.arbeitsamt.de, mit einem sehr umfangreichen Informationsangebot.
Speziell für Schülerinnen und Schüler bietet der Bundesverband Deutscher Banken Material und Schülerwettbewerbe an: www.schulbank.de.

▶ GESELLSCHAFT UND STAAT

Das Bundesministerium für Gesundheit, www.bmg.bund.de, und das Bundesministerium für Familie, Senioren, Frauen und Jugend, www.bmfsfj.de, stellen die aktuellen Maßnahmen der Politik und des Staates dar. Über die Sozialgesetzgebung informieren beispielsweise sehr gründlich www.safety1st.de und www.deutsche-sozialversicherung.de.
Für ehrenamtliches Engagement sind stellvertretend genannt: Greenpeace: www.greenpeace.de; der Bundesverband Bürger-

initiativen Umweltschutz: www.bbu-online.de; die Jugend im Bund für Umwelt und Naturschutz: www.bundjugend.de; der Naturschutzbund: www.nabu.de und die Naturschutzjugend: www.naju.de.
Alle bieten sehr viele Links an wie auch die beiden Internet-Adressen www.buergergesellschaft.de und die Aktion Gemeinsinn: www.gemeinsinn.de.

▶ MEDIEN

Zeitungen können unter www.paperball.de gefunden werden. Speziell an Jugendliche wendet sich www.deutsche-jugendpresse.de. Der Bundesverband Offene Kanäle bietet zudem Radio und Fernsehen zum Mitmachen an: www.bok.de.
Der öffentlich-rechtliche Rundfunk kann unter seinen bekannten Kürzeln im Netz aufgerufen werden, z. B. die ARD unter www.ard.de, Rundfunk Berlin Brandenburg unter www.rbb-online.de, das ZDF unter www.zdf.de, der Kinderkanal von ARD und ZDF unter www.kika.de, 3sat unter www.3sat.de usw.; ebenso der private Rundfunk wie RTL unter www.rtl.de usw.

▶ INTERNATIONALE POLITIK

Viele der großen internationalen Organisationen sind unter ihrer Kurzbezeichnung im Internet auffindbar: Die OECD ist unter www.oecd.org, die OPEC unter www.opec.org, die NATO unter www.nato.de, die UNO unter www.unric.org oder www.uno.de zu finden.
Der neu eingerichtete Internationale Strafgerichtshof muss noch unter der Adresse des Außenministeriums www.auswaertiges-amt.de gesucht werden.
Viele der Nichtregierungsorganisationen lassen sich unter www.venro.org finden.
Eine interessante deutsch-islamische Seite im Zusammenhang mit der Auseinandersetzung mit dem Islam und Islamismus ist www.islam.de, die vom Zentralrat der Muslime in Deutschland (ZMD) getragen wird.

▶ EUROPÄISCHE INTEGRATION

Wichtige Institutionen sind:
Europäische Union: www.europa.eu.;
Europäische Kommission: www.ec.europa.eu/deutschland/index_de.htm;
Europäischer Gerichtshof: www.curia.europa.eu.;
Europäisches Parlament: www.europaparl.de;
Europäische Zentralbank: www.ecb.int.
Außerhalb der EU-Institutionen, aber dennoch sehr wichtig ist der Europarat, der sich über die Internet-Adresse : www.coe.int/de erschließt.
Für Jugendliche, die sich mit anderen europäischen Jugendlichen treffen wollen, bieten, neben vielen anderen, diese Organisationen interessante Austauschprogramme an: deutsch-französisches Jugendwerk: www.dfjw.org; deutsch-polnisches Jugendwerk: www.dpjw.org; der internationale Jugendaustausch- und Besucherdienst der BRD, gegründet vom Deutschen Bundestag: www.ijab.de; sowie die Gesellschaft für internationale Jugendkontakte des AIFS (American Institute for Foreign Study Group): www.aifs.de.

▶ DRITTE WELT

Adressen und Links zum Thema Dritte Welt bieten:
Bundesministerium für wirtschaftliche Zusammenarbeit und Entwicklung: www.bmz.de;
Welthungerhilfe: www.welthungerhilfe.de;
Kinderhilfswerk Dritte Welt: www.khw-dritte-welt.de; 11
das Hilfswerk der katholischen Bischöfe, Misereor: www.misereor.de;
das Hilfswerk der evangelischen Landes- und Freikirchen, Brot für die Welt: www.brot-fuer-die-welt.de.
An den „fairen" Konsumenten wenden sich: www.oeko-fair.de, www.gepa.de, www.transfair.org.
Über die Arbeit der Entwicklungshelferinnen und -helfer informiert der Deutsche Entwicklungsdienst: www.ded.de.

▶ UMWELT, ÖKOLOGIE

Das Umweltbundesamt, www.umweltbundesamt.de, und Greenpeace, www.greenpeace.de, bieten sehr viele Informationen und viele Links, auch zu internationalen Web-Seiten, an. Das Wissenschaftsmagazin Geo, www.geo.de, liefert aktuelle Informationen. Für Kinder und Jugendliche ist die Internet-Präsentation der Sendung „Quarks&Co" des WDR interessant, www.wdr.de/tv/quarks. Empfehlenswert sind darüber hinaus www.panda.org auf Englisch und die Homepage des World Wide Fund For Nature (WWF) www.wwf.de.

▶ ZUKUNFT

Zu diesem Thema bieten die bereits bekannten Adressen (↗ Umwelt, Ökologie) www.umweltbundesamt.de und www.greenpeace.de sowie www.wwf.de sehr viele Informationen an. Die Zusammenarbeit mit den Ländern der Dritten Welt wird unter www.welthaus.de vorgestellt.

Informationsdienste und Datenbanken zum Thema erneuerbare Energien gibt es unter www.bine.info und www.boxer99.de.

Über Nachhaltigkeit im Energiesektor ist unter www.oeko.de des Öko-Instituts etwas zu erfahren, über das Thema generell unter www.nachhaltigkeitsrat.de. Über die Gentechnik bei Pflanzen informieren www.transgen.de und www.keine-gentechnik.de. Die Seite www.gene.de bietet Wissenswertes zu Genen, Genetik, Genmanipulation, Gentechnik, Klonierung an.

Zum Klima gibt es Informationen und für Schulen erstelltes Material unter www.dkrz.de.

Über Solarenergie bietet www.solarenergie.com ein Info-Portal, über Kernenergie unter www.kernenergie.de informieren das Deutsche Atomforum und die Kerntechnische Gesellschaft, über den Wald und seine Schädigung bietet www.wald.de Informationen an.

Für die Schulen sind auch www.zum.de, die Zentrale für Unterrichtsmedien, und www.learn-line.nrw.de mit seinem sehr großen „Themenangebot von A–Z" hilfreich.

Stichwortverzeichnis